I0002371

Side Hustle Challenge : 30 Idées de Revenus Passifs à Lancer Dès Maintenant

Par Alex Morgan

Introduction

Bienvenue dans ton *Side Hustle Challenge*! Si tu es ici, c'est que tu cherches à générer des revenus passifs tout en ayant plus de liberté financière. Ces 30 idées sont conçues pour te permettre de créer des flux de revenus sans devoir sacrifier trop de ton temps ou de ton énergie. Chaque idée te guidera avec des étapes concrètes, des outils à utiliser, et des stratégies à appliquer pour te lancer dès maintenant.

Le but ici est de passer à l'action rapidement, car l'une des clés pour générer un revenu passif est de commencer immédiatement, même si cela nécessite des ajustements sur la durée.

Partie 1 : Créer un Blog de Niche et le Monétiser

Pourquoi ?

Un blog de niche est un excellent moyen de générer des revenus passifs de manière régulière et durable. En créant un blog sur un sujet spécifique mais suffisamment populaire, tu peux attirer un public ciblé et commencer à monétiser ton contenu via des programmes d'affiliation, de la publicité, ou la vente de produits numériques. Une fois mis en place, un blog bien conçu peut continuer à générer des revenus pendant longtemps avec un entretien minimal.

Les blogs permettent d'attirer des visiteurs sur une base régulière, grâce à la création de contenu pertinent et l'optimisation pour les moteurs de recherche (SEO). Ces visiteurs peuvent ensuite être convertis en revenus, soit directement par la vente de produits ou services, soit indirectement par des commissions d'affiliation ou des publicités.

Étapes pour commencer :

1. Choisir un créneau de niche :

Le choix de la niche est crucial pour le succès de ton blog. Un créneau de niche te permet de cibler un public spécifique, ce qui peut être plus efficace que de se lancer dans un domaine trop large. Voici quelques conseils pour choisir ta niche :

- **Spécifique mais populaire :** Choisis un sujet qui est à la fois précis et qui a une audience potentiellement intéressée. Par exemple, au lieu de créer un blog généraliste sur la santé, tu pourrais créer un blog sur la nutrition pour les sportifs végétariens. Cela cible un public spécifique tout en restant dans un domaine suffisamment large pour attirer des visiteurs.

- **Passion et expertise :** Il est préférable de choisir une niche pour laquelle tu as à la fois une passion et une expertise, car cela rendra la création de contenu plus naturelle et authentique. Si tu es passionné par la cuisine végétalienne, tu seras probablement plus motivé pour écrire régulièrement des articles.

- **Monétisation potentielle :** Assure-toi que ta niche a un potentiel de monétisation. Certaines niches, comme la finance personnelle, la productivité, ou la santé, sont particulièrement lucratives en raison de la demande et des possibilités d'affiliation.

2. Créer ton blog :

Une fois que tu as choisi ta niche, il est temps de créer ton blog. Voici les étapes à suivre :

- **Choisis une plateforme de création de blog :** Utilise une plateforme comme WordPress ou Wix. WordPress est particulièrement puissant pour le SEO et la flexibilité, tandis que Wix est plus simple à utiliser si tu débutes.

- **Choisis un hébergement fiable :** Il te faut un hébergement rapide et sécurisé. SiteGround et Bluehost sont des options populaires pour les blogueurs débutants, offrant des forfaits adaptés avec des installations WordPress en un clic.

- **Choisis un nom de domaine et un thème :** Choisis un nom de domaine qui reflète ta niche, facile à retenir et à taper. Pour le design, choisis un thème WordPress qui soit à la fois professionnel et mobile-friendly (adapté aux appareils mobiles). Il existe des thèmes gratuits et payants, mais assure-toi que le thème soit optimisé pour la vitesse et le SEO.

3. Rédiger du contenu optimisé pour le SEO :

Le contenu est roi, mais le SEO (Search Engine Optimization) est la clé pour amener ce contenu devant les bonnes personnes. Voici quelques stratégies pour rédiger des articles optimisés :

- **Recherche de mots-clés** : Utilise des outils comme SEMrush, Google Keyword Planner ou Ubersuggest pour identifier les mots-clés populaires et pertinents pour ta niche. Ces mots-clés doivent être intégrés naturellement dans tes titres, sous-titres et corps de texte.

- **Créer un contenu de qualité** : Publie des articles bien recherchés, approfondis et utiles. Les moteurs de recherche favorisent les pages qui apportent une réelle valeur ajoutée aux utilisateurs.

- **Optimisation sur-page** : Utilise des outils comme Yoast SEO (plugin pour WordPress) pour t'assurer que chaque article est optimisé pour le SEO. Cela inclut la gestion des balises title, meta descriptions, URL, ainsi que l'utilisation correcte des mots-clés dans les titres et paragraphes.

- **Publication régulière** : La constance est importante. Publier régulièrement du contenu de qualité, même si ce n'est que deux ou trois articles par semaine, aide à améliorer ton classement SEO et à attirer plus de visiteurs.

4. Monétiser ton blog :

Une fois que tu as du contenu qui attire des visiteurs, il est temps de penser à la monétisation. Voici quelques stratégies populaires :

- **Marketing d'affiliation** : Inscris-toi à des programmes d'affiliation comme Amazon Associates ou ShareASale pour recommander des produits en lien avec ta niche. Chaque fois qu'un visiteur achète via ton lien d'affiliation, tu touches une commission. Assure-toi de choisir des produits qui apportent de la valeur à ton public.

- **Publicité** : Une autre façon de monétiser ton blog est d'intégrer des annonces via des plateformes comme Google AdSense. Ces annonces sont affichées en fonction des intérêts des visiteurs et te rapportent de l'argent chaque fois qu'un utilisateur clique dessus.

- **Produits numériques** : Si tu as une expertise particulière dans ta niche, tu peux créer des produits numériques (eBooks, formations en ligne, guides, etc.) et les vendre directement sur ton blog. Cela peut être une source de revenus significative si tu réussis à bâtir une audience fidèle.

Ressources recommandées :

- **Yoast SEO** : Un plugin indispensable pour optimiser ton blog sur WordPress.

- **ShareASale** : Une plateforme d'affiliation qui propose des centaines de programmes dans différentes niches.

- **Amazon Associates** : Le programme d'affiliation d'Amazon, parfait pour les blogueurs dans des niches grand public.

Un blog de niche est une excellente manière de créer un revenu passif. Il demande de la patience et de la persévérance au début, mais une fois qu'il est établi, les revenus peuvent devenir significatifs avec un entretien minimal. N'oublie pas de te concentrer sur la création de contenu de qualité, l'optimisation SEO et de choisir les bons outils pour t'aider à gérer et monétiser ton blog efficacement.

Partie 2 : Vendre des Formations en Ligne

Pourquoi ?

La vente de formations en ligne est l'un des moyens les plus rentables de générer des revenus passifs. Non seulement tu peux partager ton expertise, mais tu peux également vendre tes formations à un public mondial, 24h/24, 7j/7. Une fois ta formation créée, elle peut se vendre de manière autonome, générant ainsi des revenus récurrents.

Les formations en ligne offrent également une flexibilité incomparable. Elles te permettent de toucher une large audience, tout en monétisant ton savoir-faire dans un domaine spécifique. De plus, avec des plateformes d'hébergement de cours comme Teachable, Udemy ou Kajabi, la gestion des ventes et de l'hébergement des cours devient simple et automatique.

Étapes pour commencer :

1. Choisir un sujet pour ta formation :

Le choix du sujet de ta formation est crucial, car il doit répondre à une demande existante. Voici quelques conseils pour choisir un sujet rentable :

- **Spécialisation** : Choisis un sujet où tu as une expertise et où il existe un besoin dans le marché. Par exemple, si tu as une expérience dans le marketing digital, tu pourrais créer une formation sur la gestion de campagnes publicitaires sur Facebook ou Google Ads.

- **Public cible** : Identifie ton audience cible. Quel est leur problème principal ? Comment ta formation peut-elle les aider à résoudre ce problème ? Une formation réussie répond à un besoin spécifique et aide les gens à accomplir un objectif précis (apprendre une nouvelle compétence, résoudre un problème, etc.).

- **Concurrence** : Avant de te lancer, fais une recherche pour voir si d'autres formations existent déjà sur ton sujet. Si oui, trouve un moyen de te démarquer en apportant une valeur unique : un contenu plus approfondi, des études de cas pratiques, ou un format plus interactif.

2. Créer ta formation :

La création d'une formation en ligne nécessite plusieurs étapes, mais c'est un processus bien défini.

- **Planification du contenu** : Avant de commencer à enregistrer ou à créer du contenu, prends le temps de structurer ta formation. Divise-la en modules ou chapitres qui couvrent les différentes parties du sujet de manière logique. Chaque module doit être orienté vers un objectif précis pour ton étudiant.

- **Création des supports de cours** : Les formations en ligne peuvent se présenter sous différentes formes : vidéos, quiz, PDF, audio, etc. Selon ton sujet, tu peux créer :

  - **Des vidéos explicatives** : Enregistre des vidéos où tu expliques les concepts clés de ta formation. Les vidéos peuvent être très engageantes, ce qui permet à tes étudiants de mieux comprendre et retenir l'information.

  - **Des guides pratiques et PDF** : Accompagne tes vidéos avec des ressources pratiques comme des fiches PDF, des listes de contrôle, ou des exercices à réaliser.

  - **Des quiz et évaluations** : Pour tester les connaissances des étudiants et les aider à mesurer leurs progrès.

- **Outils de création de contenu** : Utilise des outils comme Camtasia ou OBS Studio pour enregistrer tes vidéos, et des outils comme Canva ou Adobe Spark pour créer des supports visuels attractifs.

3. Choisir une plateforme pour héberger ta formation :

Une fois ta formation créée, il est temps de la mettre en ligne. Il existe plusieurs plateformes qui permettent de vendre et d'héberger tes formations de manière professionnelle et simplifiée :

- **Teachable** : Une des plateformes les plus populaires, qui permet de créer des cours avec des vidéos, des PDF, des quiz, etc. Teachable gère également les paiements et l'inscription des étudiants.

- **Kajabi** : Une plateforme tout-en-un qui te permet de créer, héberger et vendre des formations en ligne. Kajabi inclut des outils de marketing, d'automatisation, et de gestion de la relation client.

- **Udemy** : Si tu préfères que ton cours soit vu par un large public dès le départ, tu peux héberger ta formation sur Udemy. Bien que tu perdes une partie de tes revenus en commission, cela peut te permettre de te faire connaître plus rapidement.

4. Fixer un prix et lancer ta formation :

Le prix de ta formation dépend de plusieurs facteurs : la durée, la profondeur du contenu, la niche et la demande. Il est important de tester plusieurs modèles de tarification pour voir ce qui fonctionne le mieux pour ton audience.

- **Tarification** : Pour déterminer un prix juste, analyse les prix de formations similaires dans ta niche. Tu peux proposer différents niveaux de prix, par exemple :

  - **Formation de base** : Un prix plus bas pour un contenu général.

  - **Formation premium** : Un prix plus élevé pour un contenu approfondi ou des sessions de coaching en complément.

- **Offrir une période d'essai ou un bonus** : Pour inciter les premiers inscrits à acheter, tu peux offrir une période d'essai gratuite ou des bonus exclusifs, comme des consultations ou des ebooks gratuits.

5. Marketing et promotion de ta formation :

La promotion de ta formation est essentielle pour atteindre un large public et générer des ventes. Voici quelques stratégies pour y parvenir :

- **Utilise les réseaux sociaux** : Promouvoie ta formation via des posts, des vidéos, et des stories sur des plateformes comme Instagram, Facebook, ou LinkedIn. Crée un contenu engageant qui montre les bénéfices de ta formation et invite les gens à s'inscrire.

- **Créer un funnel de vente** : Un funnel de vente est un processus automatisé qui guide les visiteurs à travers différentes étapes jusqu'à l'achat. Tu peux utiliser des outils comme ClickFunnels ou ConvertKit pour créer un funnel de vente efficace.

- **Collaborer avec des influenceurs** : Si tu as un budget marketing, tu peux collaborer avec des influenceurs ou des experts dans ta niche pour promouvoir ta formation.

- **Webinaires en direct** : Organise des webinaires gratuits où tu proposes une partie de ton contenu en échange de l'inscription à ta formation complète. Cela te permet de montrer la valeur de ta formation avant de la vendre.

Ressources recommandées :

- **Teachable** : Plateforme idéale pour créer et vendre des formations en ligne.

- Kajabi : Outil tout-en-un pour héberger, vendre et promouvoir ta formation.

- Camtasia : Logiciel pour enregistrer et monter des vidéos de formation.

- ConvertKit : Outil pour créer des funnels de vente automatisés et gérer tes emails.

- Canva : Pour la création de visuels et supports de cours attractifs.

Vendre des formations en ligne te permet de capitaliser sur ton expertise, de toucher une large audience, et de créer un revenu passif durable. Une fois ta formation lancée, il suffit de continuer à la promouvoir et à ajouter du contenu supplémentaire pour la rendre encore plus attractive. C'est une solution idéale pour ceux qui cherchent à générer des revenus à long terme tout en partageant leur savoir-faire avec le monde.

Partie 3 : Devenir Créateur de Contenu YouTube

Pourquoi ?

Devenir créateur de contenu sur YouTube est une des façons les plus populaires et accessibles de générer des revenus passifs aujourd'hui. Avec plus de 2 milliards d'utilisateurs actifs mensuels, YouTube offre une plateforme idéale pour partager tes passions, tes connaissances ou tes talents avec un large public. Une fois que tu as établi une audience fidèle, tu peux monétiser ton contenu de plusieurs manières, comme par la publicité, les partenariats, ou la vente de produits.

YouTube est une plateforme avec un potentiel de revenu passif important, car une fois tes vidéos publiées, elles peuvent continuer à générer des vues et des revenus sur le long terme, bien après leur publication initiale. En combinant la création de contenu de qualité et une bonne stratégie de marketing, tu peux bâtir une source de revenus durables.

Étapes pour commencer :

1. Choisir ta niche :

La première étape pour réussir sur YouTube est de choisir une niche qui te passionne, mais qui ait également une audience suffisamment large. La niche doit être spécifique tout en ayant un potentiel d'engagement élevé. Voici quelques exemples populaires :

- **Vlogs et lifestyle** : Partage des aspects de ta vie quotidienne, tes voyages, ou des réflexions sur des sujets actuels.

- **Éducation et tutoriels** : Crée des vidéos pédagogiques sur des sujets où tu as une expertise (cuisine, photographie, productivité, finance, etc.).

- **Gaming** : Si tu es passionné par les jeux vidéo, tu peux partager des sessions de gameplay, des astuces ou des critiques de jeux.

- **Santé et bien-être** : Partage des conseils sur le fitness, la nutrition, ou le bien-être mental.

L'objectif est de trouver un équilibre entre ce qui te passionne et ce qui attire l'attention des spectateurs. Pour cela, fais une recherche sur les tendances actuelles sur YouTube et les vidéos populaires dans ta niche.

Utilise des outils comme Google Trends pour vérifier l'intérêt pour ton sujet.

2. Créer ton chaîne YouTube :

La création de ta chaîne YouTube est un processus simple, mais il est important de bien configurer ta chaîne pour attirer des abonnés et donner une impression professionnelle. Voici ce que tu devras faire :

- **Nom de la chaîne : Choisis un nom qui reflète ton contenu et qui soit facile à retenir. Cela doit être court, percutant et pertinent pour ta niche.**

- **Bannière et image de profil : Crée une bannière de chaîne professionnelle et une image de profil qui capte l'attention de tes futurs abonnés. Utilise des outils comme Canva pour concevoir ces éléments graphiques de manière simple et efficace.**

- **Description de la chaîne : Écris une description claire et engageante de ta chaîne, expliquant ce que tu fais, ce que les spectateurs peuvent attendre, et pourquoi ils devraient s'abonner.**

3. Produire un contenu de qualité :

La clé pour réussir sur YouTube est de publier un contenu de haute qualité qui captive ton public. Voici quelques conseils pour produire un contenu attrayant :

- **Qualité vidéo et audio : Investis dans une bonne caméra et un micro de qualité. Tu n'as pas besoin d'équipement professionnel au début, mais des vidéos avec une image nette et un son clair sont essentiels pour garder l'attention de tes spectateurs.**

- **Structure de la vidéo :** Organise tes vidéos de manière claire. Une bonne structure attire les spectateurs et leur permet de mieux comprendre ton message. Par exemple :
    - **Introduction :** Présente-toi et ton sujet de manière engageante.
    - **Corps de la vidéo :** Développe ton contenu avec des informations précieuses et intéressantes.
    - **Conclusion :** Résume ce que tu as dit et invite à s'abonner ou à poser des questions en commentaire.
- **Durée des vidéos :** Il n'y a pas de règle fixe concernant la durée idéale d'une vidéo. Cependant, les vidéos trop longues peuvent décourager les spectateurs, tandis que des vidéos trop courtes risquent de ne pas développer suffisamment ton sujet. En moyenne, une vidéo de 8 à 15 minutes est idéale.

4. Optimiser ton contenu pour le SEO :

Pour que tes vidéos soient visibles sur YouTube, il est essentiel d'optimiser ton contenu pour le SEO (Search Engine Optimization). Cela permet à tes vidéos de ressortir lors des recherches sur la plateforme. Voici quelques pratiques à suivre :

- **Titre optimisé :** Utilise des mots-clés pertinents dans le titre de la vidéo. Les titres doivent être clairs, concis, et inclure les termes que ton public cible recherche.

- **Description :** Décris ton contenu de manière détaillée dans la description, en y incluant des mots-clés secondaires. Cette section aide à ce que ta vidéo soit mieux indexée par YouTube.

- **Tags et catégories :** Ajoute des tags pertinents et sélectionne la bonne catégorie pour chaque vidéo afin d'aider les utilisateurs à trouver ton contenu.

- **Miniatures attrayantes :** Crée des miniatures personnalisées et percutantes qui attirent l'attention des utilisateurs lorsqu'ils parcourent YouTube. Les miniatures doivent être lisibles même en petite taille.

5. Monétiser ta chaîne YouTube :

Une fois que tu as construit un nombre d'abonnés et que tu génères du trafic sur tes vidéos, il est temps de commencer à monétiser ton contenu. Voici les principales options de monétisation :

- **Publicité YouTube (AdSense) :** L'option la plus courante pour les créateurs de contenu est de rejoindre le YouTube Partner Program et de commencer à diffuser des annonces sur tes vidéos. Pour ce faire, tu dois avoir au moins 1 000 abonnés et 4 000 heures de visionnage sur les 12 derniers mois.

- **Marketing d'affiliation :** Recommande des produits ou services dans tes vidéos et inclue des liens d'affiliation dans la description de tes vidéos. Lorsque les spectateurs achètent via tes liens, tu gagnes une commission.

- Sponsoring et partenariats : Les marques peuvent te payer pour promouvoir leurs produits dans tes vidéos, une fois que tu as une audience suffisamment grande. Cela peut inclure des placements de produits, des critiques ou des vidéos sponsorisées.

- Vente de produits : Si tu as une audience fidèle, tu peux vendre tes propres produits (merchandising, formations en ligne, ebooks, etc.) directement à tes abonnés.

6. Construire une communauté fidèle :

L'un des aspects les plus importants de la réussite sur YouTube est de créer une communauté fidèle autour de ta chaîne. Voici quelques stratégies pour interagir avec ton audience :

- Répondre aux commentaires : Montre à tes abonnés que tu apprécies leur soutien en répondant à leurs commentaires sur tes vidéos.

- Utiliser les réseaux sociaux : Promouvoie ton contenu et interagis avec ta communauté sur Instagram, Twitter, ou Facebook. Cela crée un engagement supplémentaire avec ton public.

- Appels à l'action (CTA) : Encourage les spectateurs à s'abonner à ta chaîne, à laisser un commentaire, et à partager ta vidéo avec leurs amis.

Ressources recommandées :

- Canva : Outil pour créer des miniatures attrayantes et des visuels pour ta chaîne.

- **TubeBuddy** : Extension de navigateur pour optimiser le SEO de tes vidéos et analyser les performances de ta chaîne.

- **OBS Studio** : Logiciel gratuit pour enregistrer et diffuser des vidéos en direct de qualité.

- **Patreon** : Plateforme de financement participatif qui te permet de monétiser ton audience grâce à des abonnements mensuels.

En devenant créateur de contenu sur YouTube, tu peux partager tes passions avec le monde tout en générant des revenus passifs. Il te suffit de commencer à produire un contenu de qualité, d'optimiser ta visibilité et de monétiser ton audience. À terme, une chaîne YouTube bien gérée peut devenir une source de revenu durable et évolutive.

Partie 4 : Créer et Vendre un Ebook ou Guide Pratique

Pourquoi ?

La création d'un ebook ou d'un guide pratique est l'une des méthodes les plus accessibles pour générer des revenus passifs. Si tu as une expertise dans un domaine particulier ou une passion que tu souhaites partager, un ebook est un excellent moyen de transmettre tes connaissances tout en créant un produit que tu peux vendre à grande échelle. Une fois écrit et publié, un ebook peut se vendre de manière continue, générant des revenus passifs tout en apportant de la valeur à tes lecteurs.

Les ebooks et guides pratiques sont particulièrement populaires car ils sont faciles à distribuer (grâce à des plateformes comme Amazon Kindle ou Gumroad), et tu peux les vendre à des prix relativement bas, ce qui les rend attractifs pour les acheteurs.

Étapes pour commencer :

1. Choisir un sujet de niche :

Le choix du sujet est primordial pour la réussite de ton ebook. Il doit répondre à un besoin spécifique ou résoudre un problème particulier pour ton audience cible. Voici quelques idées :

- Autonomie financière : Comment gérer son budget, investir intelligemment ou économiser efficacement.

- Développement personnel : Des conseils pour augmenter la productivité, développer des habitudes saines ou gérer son stress.

- Loisirs créatifs : Comment apprendre à dessiner, faire du tricot, ou développer d'autres compétences artistiques.

- Santé et bien-être : Des guides sur la nutrition, le fitness, ou le bien-être mental.

- Entrepreneuriat : Des stratégies pour lancer une entreprise ou gérer un side hustle.

Le sujet doit être quelque chose sur lequel tu as une certaine expertise ou passion, et qui intéresse un public prêt à acheter un ebook pour en apprendre davantage.

2. Écrire ton ebook :

Écrire un ebook peut sembler intimidant, mais c'est un processus qui peut être divisé en étapes simples. Voici comment procéder :

- Créer un plan détaillé : Avant de commencer à écrire, établis un plan détaillé de ton ebook. Divise-le en chapitres ou sections logiques, et note les points clés que tu veux aborder dans chaque section.

- Rédiger avec clarté et concision : L'objectif est de rendre ton contenu facile à comprendre et agréable à lire. Sois direct, utilise des exemples pratiques et n'hésite pas à structurer ton texte avec des sous-titres pour faciliter la lecture.

- Fixer une longueur idéale : Un ebook peut varier en longueur, mais en général, un ebook de 20 à 50 pages est idéal. Il doit être suffisamment détaillé pour apporter de la valeur, mais pas trop long pour ne pas perdre l'attention du lecteur.

- Soigner la mise en forme : Utilise un logiciel comme Google Docs, Microsoft Word, ou un outil spécialisé comme Scrivener pour rédiger. Veille à la mise en page et à la lisibilité de ton ebook. Il doit être agréable à lire sur n'importe quel appareil.

3. Mettre en forme et concevoir ton ebook :

La mise en forme et le design de ton ebook jouent un rôle essentiel dans sa réussite. Un ebook bien conçu est plus professionnel et plus attrayant pour les acheteurs. Voici quelques points à considérer :

- Utiliser des outils de design : Des outils comme Canva ou Adobe InDesign te permettent de créer une couverture attrayante et de bien formater le contenu. La couverture est souvent la première chose qu'un potentiel acheteur verra, il est donc important qu'elle soit soignée.

- Ajouter des images et graphiques : Si nécessaire, intègre des images, des graphiques ou des diagrammes pour rendre ton ebook plus visuel et plus facile à comprendre.

- Créer un fichier PDF : Une fois que ton ebook est rédigé et mis en forme, il est temps de le convertir en un fichier PDF de haute qualité. Le format PDF est le plus courant pour les ebooks car il est facilement accessible et compatible avec tous les appareils.

4. Mettre en place une stratégie de vente :

Une fois ton ebook prêt, il est temps de le vendre. Voici les étapes clés pour réussir la mise en vente :

- Choisir une plateforme de distribution :
  - Amazon Kindle Direct Publishing (KDP) : Amazon est l'une des plus grandes plateformes pour vendre des ebooks. Avec KDP, tu peux publier ton ebook en quelques étapes, définir un prix, et atteindre un large public. De plus, Amazon propose une option de vente en Kindle Unlimited, permettant aux lecteurs de lire ton ebook dans le cadre de leur abonnement, ce qui te permet de générer des revenus supplémentaires.
  - Gumroad : Si tu préfères vendre ton ebook directement à ton audience, Gumroad est

une excellente option. Tu peux facilement vendre ton ebook en ligne et gérer les paiements sans passer par un intermédiaire.

- ○ **Etsy : Si ton ebook a un aspect créatif ou pratique, Etsy peut être une excellente plateforme pour le vendre.**

- **Fixer un prix attractif : La tarification de ton ebook est un élément crucial. En général, les ebooks sont vendus entre 5 € et 30 €, selon la niche et la valeur perçue du contenu. Il est important de trouver un équilibre entre un prix qui est suffisamment bas pour attirer les acheteurs, tout en reflétant la valeur de ton travail.**

- **Utiliser une page de vente : Crée une page de vente pour ton ebook sur un site web personnel ou via une plateforme comme Leadpages ou Unbounce. Cette page doit contenir une description convaincante de ton ebook, un bouton d'achat et des témoignages ou avis si tu en as.**

5. Promouvoir ton ebook :

Une fois ton ebook mis en ligne, il est crucial de le promouvoir pour attirer des acheteurs. Voici quelques stratégies efficaces :

- **Marketing par email : Si tu as une liste de contacts, c'est un excellent moyen de promouvoir ton ebook. Envoie un email engageant avec un lien d'achat et quelques incitations, comme une offre spéciale ou un bonus exclusif pour les premiers acheteurs.**

- **Utiliser les réseaux sociaux : Partage des extraits de ton ebook sur Instagram, Twitter, ou Facebook.**

Si tu as une communauté active, incite tes abonnés à partager ton ebook.

- Collaborer avec des influenceurs ou des blogueurs : Si possible, contacte des influenceurs dans ta niche pour qu'ils fassent la promotion de ton ebook. Tu pourrais également proposer des partenariats avec des blogueurs ou des créateurs de contenu.

- Créer des contenus associés : Crée des articles de blog, des vidéos YouTube ou des podcasts pour parler du sujet de ton ebook et y inclure des liens vers la page de vente. Cela peut aider à augmenter ta visibilité et à attirer plus d'acheteurs.

6. Suivre les ventes et les retours :

Une fois que ton ebook commence à se vendre, il est important de suivre les ventes et de recueillir des retours clients pour améliorer ton produit. Utilise des outils comme Google Analytics ou les statistiques des plateformes de vente pour voir combien d'exemplaires tu as vendus, d'où proviennent tes acheteurs, et quels types de promotions ont été les plus efficaces. Les retours des clients peuvent également t'aider à ajuster le contenu ou le marketing de ton ebook pour de meilleures performances futures.

Ressources recommandées :

- Scrivener : Logiciel puissant pour organiser et rédiger des ebooks de manière fluide.

- Canva : Outil gratuit pour créer des couvertures d'ebook et des visuels attrayants.

- **Amazon KDP** : Plateforme incontournable pour publier et vendre ton ebook sur Amazon.

- **Gumroad** : Solution simple pour vendre des produits numériques directement à ton audience.

- **Leadpages/Unbounce** : Outils pour créer des pages de vente professionnelles.

En créant et en vendant un ebook ou un guide pratique, tu peux partager tes connaissances tout en générant un revenu passif. Une fois que l'ebook est écrit et mis en vente, tu n'auras plus qu'à continuer à promouvoir ton produit et à récolter les fruits de ton travail.

Partie 5 : Investir dans l'Immobilier Locatif

Pourquoi ?

Investir dans l'immobilier locatif est l'une des stratégies les plus populaires pour générer des revenus passifs à long terme. L'immobilier peut offrir une source stable de revenus passifs grâce aux loyers perçus chaque mois, tout en bénéficiant de l'appréciation du bien au fil des années. De plus, en investissant intelligemment, tu peux tirer profit de la fiscalité avantageuse et d'autres mécanismes financiers.

L'immobilier locatif permet également de diversifier tes sources de revenus. Contrairement aux investissements en actions ou obligations, l'immobilier est un actif tangible qui peut résister à la volatilité des marchés financiers.

Étapes pour commencer :

1. Éduque-toi sur l'immobilier et les stratégies d'investissement :

Avant de plonger dans l'investissement immobilier, il est crucial de bien comprendre les différentes stratégies disponibles et les aspects financiers associés. Voici quelques concepts clés à maîtriser :

- Louer à long terme : Acheter un bien pour le louer à des locataires sur une période prolongée (généralement un an ou plus). Les loyers perçus constituent un revenu régulier.

- Location courte durée (type Airbnb) : Acheter un bien et le louer pour des séjours plus courts, souvent via des plateformes comme Airbnb, ce qui permet de générer des revenus plus élevés.

- Investir dans des immeubles à rénover : Acheter des propriétés nécessitant des rénovations, les améliorer, puis les revendre ou les louer à des prix plus élevés.

- Investir dans des immeubles commerciaux : Acheter des propriétés commerciales (bureaux, commerces, etc.) et les louer à des entreprises.

Ressources recommandées :

- Livres : "Père riche, Père pauvre" de Robert Kiyosaki et "Investir dans l'immobilier locatif" de Julien Delagrandanne.

- Blogs et podcasts : Suivre des experts comme Patrice Bégay ou Fabrice Di Falco pour des conseils d'investissement immobilier.

2. Choisir ton marché immobilier :

L'emplacement est un facteur clé dans l'investissement immobilier. Choisir un bon marché immobilier est essentiel pour maximiser ton rendement. Voici quelques critères à considérer lors de la sélection d'un marché :

- La rentabilité locative : Cherche des zones où les loyers couvrent bien les coûts de ton crédit immobilier et génèrent des bénéfices. Utilise des outils en ligne pour calculer la rentabilité d'un bien.

- La demande locative : Privilégie des zones où la demande locative est forte, comme les quartiers proches des écoles, des transports publics, des centres commerciaux, ou des entreprises.

- Les perspectives de valorisation : Investir dans des zones en développement ou dans des villes où des projets d'infrastructures sont en cours peut offrir un potentiel d'appréciation élevé.

Tu peux également choisir de t'investir dans l'immobilier local ou bien dans d'autres régions, voire même dans des pays étrangers. Attention toutefois à bien comprendre les réglementations locales en matière d'immobilier.

3. Évaluer les finances et le financement de ton investissement :

Investir dans l'immobilier nécessite un investissement initial important. Voici quelques points à considérer :

- Le budget d'achat : Détermine ton budget d'achat en fonction de tes économies personnelles ou de tes prêts. Il est important de savoir combien tu peux investir sans te mettre en difficulté financière.

- Le financement : Si tu n'as pas suffisamment de fonds propres pour acheter un bien immobilier, tu peux recourir à un prêt immobilier. Il est important de comparer les taux d'intérêt proposés par les banques et de vérifier les conditions de remboursement.

- Les frais annexes : N'oublie pas les frais liés à l'achat immobilier (notaires, taxes, travaux de rénovation, etc.). Il est également important de prévoir les frais d'entretien, les assurances et les charges liées à la gestion locative.

4. Sélectionner un bien immobilier rentable :

La sélection du bien immobilier est une étape déterminante. Il est crucial de prendre le temps de bien choisir pour éviter des mauvaises surprises. Voici ce à quoi il faut prêter attention :

- L'état du bien : Inspecte minutieusement la propriété pour t'assurer qu'il n'y a pas de problèmes majeurs, tels que des fuites, des moisissures ou des défauts structurels. Si des rénovations sont nécessaires, assure-toi que le coût des travaux ne dépasse pas le rendement locatif prévu.

- La rentabilité : Fais une estimation des loyers que tu pourrais percevoir pour le bien. Cela te permettra de savoir si les revenus locatifs couvriront ton crédit et généreront des bénéfices. Utilise des plateformes comme MeilleursAgents ou SeLoger pour comparer les loyers dans la région.

- **L'emplacement :** L'emplacement reste la clé du succès. Un bien situé dans une zone dynamique, avec une forte demande locative, sera plus facile à louer et à valoriser.

5. Mettre en place une gestion locative efficace :

La gestion locative peut être chronophage, mais elle est essentielle pour maximiser ton retour sur investissement. Tu as deux options :

- **Gérer toi-même :** Si tu choisis de gérer la location toi-même, tu devras trouver des locataires, rédiger des baux, gérer les paiements et résoudre les problèmes qui peuvent surgir.

- **Passer par une agence de gestion immobilière :** Si tu préfères déléguer, tu peux confier la gestion à une agence spécialisée. Elles se chargent de tout, de la recherche de locataires à la gestion des paiements, en échange d'une commission (environ 6 à 10% des loyers perçus).

6. Optimiser la rentabilité de ton investissement :

Une fois ton bien acheté et loué, il existe plusieurs façons d'optimiser ton investissement :

- **Augmenter les loyers :** Si le marché immobilier de ta zone le permet, tu peux augmenter les loyers pour maximiser tes revenus. Cela nécessite cependant de respecter les législations locales.

- **Réaliser des travaux de rénovation :** Si tu as acheté un bien qui nécessite des rénovations, ces améliorations peuvent permettre d'augmenter la valeur de la propriété et les loyers. Pense également à optimiser l'efficacité énergétique du bien pour attirer des locataires écologiques.

- **Optimisation fiscale** : Renseigne-toi sur les différentes stratégies fiscales, telles que le dispositif Pinel ou le statut de Loueur en Meublé Non Professionnel (LMNP), pour réduire tes impôts sur les revenus locatifs.

7. Vendre ou refinancer ton bien immobilier :

L'immobilier locatif n'est pas un investissement à vie. À un moment donné, tu pourrais vouloir vendre ton bien ou le refinancer pour récupérer des fonds. Voici quelques stratégies :

- **Vente** : Si le marché est favorable, tu peux vendre ton bien immobilier à un prix plus élevé, en bénéficiant de l'appréciation de sa valeur au fil des années.

- **Refinancement** : Si la valeur de ton bien a augmenté, tu peux refinancer ton bien immobilier pour récupérer des fonds à des conditions plus avantageuses, que tu pourras réinvestir dans d'autres projets.

Ressources recommandées :

- **Sites d'investissement immobilier** : LeBonCoin, MeilleursAgents, SeLoger.

- **Outils financiers** : Simulateur de rentabilité immobilière, Calculatrice de prêt immobilier.

- **Livre** : "L'investissement immobilier locatif" de Olivier Seban.

Investir dans l'immobilier locatif peut sembler complexe au début, mais avec la bonne préparation et les bonnes stratégies, il peut s'agir d'un excellent moyen de générer des revenus passifs stables et durables.

Partie 6 : Créer un Podcast avec des Sponsors

Pourquoi ?

Lancer un podcast est un excellent moyen de générer des revenus passifs tout en partageant ta passion, ton expertise ou ton point de vue sur un sujet qui te tient à cœur. Un podcast bien conçu et bien exécuté peut attirer un public fidèle, ce qui ouvre la porte à des opportunités de monétisation, notamment grâce à des sponsors.

Les podcasts connaissent une croissance rapide, et de nombreuses marques cherchent à s'associer à des créateurs de contenu pour atteindre des auditeurs ciblés. Que tu sois un expert dans un domaine particulier ou simplement passionné par un sujet spécifique, ton podcast peut devenir une source de revenus passifs si tu parviens à attirer des sponsors intéressés par ton audience.

Étapes pour commencer :

1. Choisis un sujet de podcast de niche :

Le succès d'un podcast dépend en grande partie de son sujet et de sa capacité à attirer un public ciblé. Il est essentiel de trouver un créneau qui te passionne, tout en étant suffisamment spécifique pour attirer des auditeurs intéressés. Voici quelques exemples de niches populaires :

- **Développement personnel :** Des conseils sur la productivité, l'anxiété, l'estime de soi, etc.

- **Entrepreneuriat :** Des interviews avec des entrepreneurs, des discussions sur la création de business, ou des conseils pratiques pour réussir.

- **Technologie et innovation :** Des discussions sur les dernières tendances tech, les startups, ou des analyses approfondies de nouvelles inventions.

- **Santé et bien-être :** Des conseils sur la nutrition, l'exercice, la gestion du stress ou des interviews avec des experts dans ces domaines.

- **Culture pop :** Des critiques de films, séries, livres, ou des discussions sur les tendances culturelles actuelles.

L'objectif est de te concentrer sur un sujet qui t'intéresse profondément, mais aussi qui pourrait plaire à une communauté spécifique.

2. Crée ton podcast :

Maintenant que tu as choisi ta niche, il est temps de créer ton podcast. Voici les étapes à suivre :

- **Choisis un format :** Décide si ton podcast sera solo (toi tout seul), avec un co-animateur ou des invités. Il peut aussi être un mélange de ces formats.

- **Sélectionne un nom et une thématique cohérente :** Choisis un nom facile à retenir et en lien avec ton sujet. Assure-toi qu'il reflète bien le ton et le contenu de ton podcast.

- **Prépare ton matériel :** Pour commencer, tu n'as pas besoin d'un matériel coûteux. Un bon micro USB comme le Blue Yeti ou le Audio-Technica ATR2100 suffira au début. Tu auras également besoin d'un logiciel d'enregistrement, comme Audacity ou GarageBand.

- **Enregistre tes premiers épisodes :** Pour démarrer, enregistre au moins 3 à 5 épisodes afin de donner à ton audience une bonne idée de ce qu'ils peuvent attendre. Planifie des épisodes réguliers (hebdomadaires ou bihebdomadaires).

- **Publie ton podcast sur des plateformes :** Utilise des plateformes comme Anchor, Libsyn ou Buzzsprout pour héberger et diffuser ton podcast. Ces plateformes le distribueront sur des applications comme Spotify, Apple Podcasts, et Google Podcasts.

3. Construis ton audience :

Pour attirer des sponsors, tu dois avoir une audience engagée. Voici quelques stratégies pour construire ton public :

- **Promotion sur les réseaux sociaux :** Utilise Instagram, Twitter, LinkedIn, ou TikTok pour partager tes épisodes et engager avec ton public. Crée des visuels attrayants pour teaser tes épisodes et interagir avec ta communauté.

- **Collaborations avec d'autres podcasteurs ou influenceurs :** Envisage des collaborations avec d'autres créateurs de contenu pour élargir ton audience. Tu peux inviter d'autres podcasteurs en tant qu'invités ou participer à des podcasts populaires dans ton domaine.

- Appel à l'action clair : À la fin de chaque épisode, encourage tes auditeurs à s'abonner, à laisser une évaluation, et à partager ton podcast avec leurs amis. Cela aidera à améliorer la visibilité et l'attrait de ton podcast.

- Engagement avec les auditeurs : Crée une communauté autour de ton podcast. Encourage tes auditeurs à interagir sur les réseaux sociaux, pose des questions, organise des concours, ou propose des sondages pour obtenir des retours.

4. Attirer des sponsors pour ton podcast :

Une fois que tu as une audience fidèle et un contenu de qualité, il est temps de chercher à monétiser ton podcast en trouvant des sponsors. Voici comment procéder :

- Crée une proposition de valeur : Prépare un kit média qui explique qui tu es, ton audience, le sujet de ton podcast, les statistiques d'écoute (audience mensuelle, taux de croissance, etc.) et les options de sponsoring disponibles. Utilise des outils comme Podtrac ou Chartable pour obtenir des données d'audience précises.

- Recherches de sponsors : Identifie les marques et entreprises qui seraient intéressées par ton public. Par exemple, si ton podcast parle de fitness, cherche des marques d'équipement sportif, de nutrition ou de vêtements de sport. Tu peux les contacter directement via leurs départements marketing.

- **Différentes options de monétisation : Il existe plusieurs manières de monétiser ton podcast avec des sponsors :**
  - **Publicités pré-roll, mid-roll et post-roll : Les sponsors paient pour que tu insères leurs annonces avant, pendant ou après ton épisode.**
  - **Sponsorisation d'épisodes complets : Une marque peut sponsoriser un épisode entier en échange d'une mention détaillée tout au long de l'épisode.**
  - **Partenariats de contenu : Les sponsors peuvent t'aider à créer du contenu spécifique qui inclut leur produit ou service (par exemple, une interview avec un représentant de la marque).**
  - **Affiliation : Propose des liens d'affiliation à tes auditeurs, par exemple pour des produits que tu recommandes. Tu gagnes une commission chaque fois qu'un auditeur effectue un achat via ces liens.**
- **Utiliser des plateformes de mise en relation : Si tu n'as pas de contacts directs avec des marques, utilise des plateformes comme Podcorn ou AdvertiseCast. Ces sites facilitent la mise en relation entre créateurs de podcasts et annonceurs.**

5. Optimise ton podcast pour plus de revenus :

Une fois que tu as trouvé des sponsors, tu peux continuer à améliorer la rentabilité de ton podcast en adoptant des stratégies supplémentaires :

- Propose des abonnements premium : Offre du contenu exclusif à tes abonnés payants. Par exemple, tu peux leur offrir des épisodes bonus, des coulisses ou des sessions de questions-réponses.

- Vente de produits dérivés : Si ton podcast gagne en popularité, tu peux vendre des produits liés à ton podcast (t-shirts, mugs, livres, etc.) via des plateformes comme Teespring ou Redbubble.

- Diversifie les types de sponsors : Ne te limite pas à un seul type de sponsor. Propose différentes options (publicités, collaborations, partenariats à long terme) pour maximiser tes revenus.

Ressources recommandées :

- Livres : "Out on the Wire: The Storytelling Secrets of the New Masters of Radio" de Jessica Abel pour t'inspirer dans la création de ton podcast.

- Plateformes : Podbean, Anchor, Buzzsprout pour héberger et distribuer ton podcast.

- Plateformes de mise en relation : Podcorn, AdvertiseCast, Podscribe pour trouver des sponsors.

Conclusion :

Lancer un podcast et trouver des sponsors est une excellente façon de générer des revenus passifs tout en faisant ce que tu aimes. Avec une audience fidèle et une stratégie de monétisation claire, tu peux transformer ton podcast en une véritable source de revenus tout en influençant et en divertissant ton public.

Partie 7 : Vendre des Photos ou Vidéos en Ligne

Pourquoi ?

Avec l'essor des plateformes numériques, la demande de contenu visuel de haute qualité n'a jamais été aussi forte. Les entreprises, les blogueurs, les créateurs de contenu et les professionnels du marketing ont besoin de photos et vidéos pour alimenter leurs sites web, réseaux sociaux, publicités, et autres projets. Si tu es passionné par la photographie ou la vidéographie, tu peux monétiser tes compétences en vendant tes photos ou vidéos en ligne, générant ainsi des revenus passifs à long terme.

En vendant tes photos et vidéos sur des plateformes de stock, tu peux toucher un large public sans avoir à t'occuper directement de la vente ou de la gestion des transactions. Une fois tes images ou vidéos mises en ligne, elles peuvent être vendues encore et encore, générant des revenus sans efforts supplémentaires.

Étapes pour commencer :

1. Améliore tes compétences en photographie ou vidéographie :

Avant de commencer à vendre tes photos ou vidéos en ligne, il est important de t'assurer que tu possèdes les compétences nécessaires pour produire du contenu de qualité. Voici quelques conseils pour t'améliorer :

- Investis dans du bon matériel : Bien que tu puisses commencer avec un smartphone de qualité, un appareil photo professionnel (par exemple, un reflex numérique) ou une caméra de qualité est un atout majeur pour produire du contenu de haute qualité.

- Apprends les bases de la composition : Comprendre les règles de composition, comme la règle des tiers, la lumière et l'angle, est essentiel pour créer des photos et vidéos attrayantes.

- Améliore tes compétences en édition : Utilise des logiciels de retouche comme Adobe Lightroom ou Photoshop pour affiner tes images. Pour les vidéos, des outils comme Adobe Premiere Pro ou Final Cut Pro peuvent t'aider à créer des vidéos professionnelles.

2. Choisis ta niche ou ton sujet :

Les photos et vidéos les plus populaires sur les plateformes de stock sont souvent liées à des niches spécifiques. Choisir une niche peut t'aider à te démarquer et à attirer des clients intéressés par un type particulier de contenu. Voici quelques exemples de niches populaires :

- Lifestyle et travail à domicile : Les photos représentant des personnes travaillant à domicile, en télétravail ou dans des environnements modernes sont très demandées.

- Nature et voyage : Des paysages, des animaux sauvages, des photos de voyage ou des moments en plein air sont toujours populaires.

- Entreprise et technologie : Des images montrant des réunions, des personnes utilisant des appareils technologiques, ou des scènes d'affaires modernes sont très recherchées.

- **Alimentation et boissons :** Les photos de plats cuisinés, de boissons, ou d'ingrédients en gros plan sont demandées, surtout dans le secteur du marketing culinaire.

- **Portraits et émotions humaines :** Les photos authentiques de personnes montrant des émotions comme la joie, la concentration, ou la contemplation sont très utilisées dans les publicités et les blogs.

3. Crée du contenu de haute qualité :

Pour vendre tes photos et vidéos en ligne, il est essentiel que ton contenu se démarque par sa qualité. Voici quelques conseils pour t'assurer que tes créations sont prêtes pour la vente :

- **Soigne la résolution :** Assure-toi que tes photos et vidéos sont de haute résolution. Les acheteurs préfèrent des images nettes et bien détaillées, et les plateformes de stock ont des exigences minimales de qualité.

- **Vérifie la lumière et l'exposition :** Une bonne gestion de la lumière est cruciale pour que tes photos ou vidéos soient attractives. Évite les ombres trop dures ou les images surexposées.

- **Soigne les détails :** Prends soin des petits détails comme l'arrière-plan, la propreté de l'environnement, et les éléments de composition. Ces détails peuvent faire la différence entre une photo ordinaire et une photo qui se vend.

- **Capture des vidéos de qualité :** Pour les vidéos, veille à utiliser un trépied pour des prises stables et une bonne prise de son si nécessaire. Les vidéos au format 4K ou HD sont très appréciées.

4. Choisis des plateformes de vente de photos et vidéos :

Il existe plusieurs plateformes en ligne où tu peux vendre tes photos et vidéos. Chaque plateforme a ses avantages et ses conditions, donc il est utile de faire des recherches avant de t'inscrire. Voici quelques plateformes populaires :

- Shutterstock : C'est l'une des plateformes de stock les plus populaires. Tu peux vendre des photos, des vidéos et même des illustrations. Shutterstock offre une rémunération basée sur un pourcentage des ventes, et tu peux toucher un large public international.

- Adobe Stock : Ce service est très apprécié des créateurs de contenu. Il permet de vendre des photos, des vidéos et des illustrations. Adobe Stock propose des commissions intéressantes et une excellente visibilité sur la plateforme.

- iStock : Une autre plateforme bien connue, qui fait partie de Getty Images. iStock offre des options de rémunération intéressantes et un large réseau d'acheteurs potentiels.

- Pexels ou Unsplash : Si tu choisis d'offrir tes photos gratuitement en échange de visibilité, ces plateformes sont populaires. Cependant, elles ne te permettent pas de gagner directement de l'argent pour chaque téléchargement, mais elles peuvent augmenter ta visibilité et t'aider à attirer des opportunités de travail rémunéré.

- **Alamy** : Alamy propose une grande variété de photos et vidéos. La plateforme offre des commissions intéressantes, mais la concurrence peut être plus forte que sur d'autres plateformes.

5. Télécharge et organise ton contenu :

Une fois que tu as sélectionné la plateforme, tu peux commencer à télécharger tes photos et vidéos. Voici quelques conseils :

- **Crée des titres et descriptions efficaces** : Utilise des mots-clés pertinents dans les titres et descriptions de tes fichiers. Cela aidera les acheteurs à trouver ton contenu lorsqu'ils effectuent des recherches.

- **Ajoute des tags** : Les plateformes de stock permettent souvent d'ajouter des tags ou des mots-clés à tes photos et vidéos. Utilise des tags spécifiques pour décrire précisément ton contenu (ex. : "portrait", "vacances", "nature", etc.).

- **Organise ton portfolio** : Essaie de maintenir une collection bien organisée de tes photos et vidéos. Avoir une variété d'images dans différentes catégories et formats augmentera tes chances de vendre.

6. Optimise tes revenus :

Une fois que tu as commencé à vendre tes photos et vidéos, tu peux optimiser tes revenus avec ces stratégies :

- **Crée régulièrement du contenu** : Plus tu as de photos et vidéos disponibles à la vente, plus tu as de chances d'attirer des acheteurs. Essaie de télécharger régulièrement de nouvelles images et vidéos.

- **Diversifie ton contenu :** N'hésite pas à expérimenter avec différents types de photos et vidéos. Plus ta diversité de contenu est grande, plus tu augmentes les chances de vendre.

- **Propose des séries ou des collections :** Crée des séries thématiques de photos ou vidéos que tu pourras vendre en package à un prix attractif. Les acheteurs aiment acheter des collections complètes plutôt que des images individuelles.

Ressources recommandées :

- **Outils de retouche photo :** Adobe Lightroom, Adobe Photoshop.

- **Outils de montage vidéo :** Adobe Premiere Pro, Final Cut Pro.

- **Plateformes de vente :** Shutterstock, Adobe Stock, iStock, Alamy, Pexels, Unsplash.

Conclusion :

Vendre des photos ou vidéos en ligne est un excellent moyen de générer des revenus passifs tout en tirant parti de ta créativité. Avec du contenu de qualité, une bonne stratégie de visibilité et une présence sur les bonnes plateformes, tu peux construire une source de revenus stable et continue. Que tu sois photographe amateur ou professionnel, l'industrie du stock numérique offre de nombreuses opportunités à ceux qui savent capturer des moments mémorables.

Partie 8 : Créer une Application Mobile

Pourquoi ?

Le marché des applications mobiles continue de croître de manière exponentielle, avec des milliards d'utilisateurs dans le monde entier. Si tu as une idée originale et que tu es prêt à investir du temps et des ressources, créer une application mobile peut être une source de revenus passifs importante. Qu'il s'agisse d'une application utile, d'un jeu captivant, ou d'un service innovant, les applications mobiles peuvent générer des revenus grâce aux achats in-app, aux abonnements, ou à la publicité.

Une application mobile réussie peut t'offrir une large base d'utilisateurs et des revenus récurrents à long terme. De plus, avec les bonnes stratégies, il est possible de créer une application sans avoir besoin de compétences avancées en programmation, en utilisant des plateformes et outils no-code ou low-code.

Étapes pour commencer :

1. Trouve une idée d'application mobile :

La première étape consiste à définir l'idée de ton application. Cela peut être basé sur un besoin personnel, une idée que tu trouves sous-exploitée, ou un domaine d'intérêt qui connaît une forte demande. Voici quelques conseils pour trouver une idée solide :

Identifie un problème à résoudre : Les meilleures applications répondent à un besoin spécifique. Par exemple, une application de gestion du temps, de fitness, ou de méditation.

Évalue la demande : Avant de te lancer, vérifie qu'il existe un marché pour ton idée. Tu peux utiliser des outils comme Google Trends ou App Annie pour analyser les tendances.

Sois créatif : Pense à une idée unique qui te différenciera des autres applications. Même si l'idée n'est pas totalement originale, tu peux toujours apporter une valeur ajoutée ou une approche différente.

2. Choisis une plateforme (Android, iOS, ou les deux) :

Tu devras décider sur quelle plateforme tu veux publier ton application (Android, iOS, ou les deux). Cette décision influencera l'outil de développement et la manière dont tu atteindras ton public cible.

Android : Utilise Java ou Kotlin avec Android Studio. Android a une base d'utilisateurs plus large et offre plus de flexibilité, mais la compétition est forte.

iOS : Utilise Swift ou Objective-C avec Xcode. Les utilisateurs iOS ont tendance à dépenser plus dans les applications, mais la base d'utilisateurs est plus restreinte.

Applications multiplateformes : Si tu veux atteindre les deux plateformes, tu peux utiliser des outils comme Flutter (Google) ou React Native

(Facebook), qui permettent de créer une application pour Android et iOS à partir du même code.

3. Développe l'application :

Si tu n'as pas de compétences en programmation, il existe des outils no-code ou low-code pour t'aider à créer ton application sans écrire de code :

Adalo : Un outil no-code qui permet de créer des applications mobiles avec une interface drag-and-drop.

Bubble : Une plateforme qui permet de créer des applications web et mobiles sans coder, en utilisant une interface visuelle.

AppGyver : Un autre outil low-code pour créer des applications mobiles avec des fonctionnalités avancées.

Thunkable : Permet de créer des applications Android et iOS sans compétences en développement.

Si tu préfères embaucher un développeur, tu peux trouver des freelances sur des plateformes comme Upwork, Fiverr, ou Toptal, ou même travailler avec une agence spécialisée.

4. Concevoir l'interface utilisateur (UI) et l'expérience utilisateur (UX) :

L'interface utilisateur (UI) et l'expérience utilisateur (UX) sont cruciales pour le succès de ton application. Voici quelques conseils :

Simplicité : Une application simple, intuitive et facile à naviguer sera plus populaire. Évite un design trop complexe.

Design attractif : Utilise des couleurs attrayantes, des icônes claires, et une mise en page ordonnée pour rendre l'application visuellement agréable.

Tester régulièrement : Demande à des utilisateurs potentiels de tester ton application et de donner des retours avant de la lancer publiquement.

Outils de conception : Utilise des outils comme Sketch, Adobe XD, ou Figma pour concevoir des prototypes et des maquettes avant de coder l'application.

5. Monétise ton application :

Il existe plusieurs façons de générer des revenus avec une application mobile. Choisis une ou plusieurs de ces stratégies en fonction du type d'application que tu crées :

Publicité In-App : Intègre des publicités à l'intérieur de ton application en utilisant des plateformes comme Google AdMob ou Facebook Audience Network. Cela peut générer des revenus passifs à chaque fois qu'un utilisateur clique sur une publicité ou la voit.

Achats In-App : Propose des fonctionnalités premium ou des contenus supplémentaires que les utilisateurs peuvent acheter directement dans l'application. Par exemple, des niveaux supplémentaires dans un jeu ou des outils avancés dans une application de productivité.

Abonnements : Les abonnements sont une méthode populaire pour les applications mobiles, en particulier celles qui offrent des services récurrents comme des applications de fitness, de méditation, ou des applications de contenu (ex. Netflix, Spotify). Tu peux utiliser Stripe ou RevenueCat pour gérer les paiements récurrents.

Vente d'application (prix unique) : Si ton application est très utile ou unique, tu peux la vendre à un prix fixe sur l'App Store ou Google Play.

Freemium : Offre une version gratuite de ton application avec des fonctionnalités limitées, puis propose une version payante avec des fonctionnalités avancées.

6. Publie ton application :

Une fois ton application prête, tu peux la publier sur les stores de Google et Apple :

Google Play Store : Pour publier sur le Google Play Store, tu dois créer un compte développeur sur Google Play Console (frais uniques d'environ 25 USD). Assure-toi que ton application respecte les politiques de Google et qu'elle passe les tests de sécurité.

Apple App Store : Pour l'App Store, tu dois créer un compte développeur via Apple Developer Program (frais annuels d'environ 99 USD). L'App Store est plus strict avec les exigences de qualité, donc assure-toi de respecter les directives d'Apple.

7. Promouvoir ton application :

La promotion de ton application est essentielle pour attirer des utilisateurs et générer des revenus :

Optimisation de la fiche de l'application (ASO - App Store Optimization) : Utilise des mots-clés pertinents dans le titre et la description de ton application pour améliorer sa visibilité sur les stores.

Publicité sur les réseaux sociaux : Utilise Facebook, Instagram, ou TikTok pour promouvoir ton application, surtout si elle cible un public spécifique.

Marketing d'influence : Collabore avec des influenceurs dans ton domaine pour promouvoir ton application auprès de leurs abonnés.

Référencement (SEO) : Si ton application dispose d'un site web, assure-toi d'optimiser le contenu pour le SEO pour attirer des utilisateurs via les moteurs de recherche.

8. Analyse et améliore ton application :

Une fois l'application lancée, il est important de continuer à suivre ses performances et à l'améliorer :

Utilise des outils d'analyse : Intègre des outils comme Google Analytics, Firebase, ou Flurry pour suivre les comportements des utilisateurs et les performances de l'application.

Écoute les retours des utilisateurs : Prends en compte les avis des utilisateurs et les commentaires pour améliorer l'application avec de nouvelles fonctionnalités ou corrections de bugs.

Mise à jour régulière : Publie régulièrement des mises à jour avec de nouvelles fonctionnalités ou améliorations pour maintenir l'engagement des utilisateurs.

Ressources recommandées :

Outils de développement : Xcode, Android Studio, Flutter, React Native.

Outils de conception : Sketch, Adobe XD, Figma.

Plateformes de publicité : Google AdMob, Facebook Audience Network.

Plateformes de gestion de paiements : Stripe, RevenueCat.

Conclusion :

Créer une application mobile est une excellente opportunité pour générer des revenus passifs, surtout si tu parviens à résoudre un problème réel pour tes utilisateurs. Avec la bonne idée, les outils adéquats et une promotion efficace, tu peux créer une application mobile qui génère des revenus de manière continue. Reste flexible et prêt à améliorer ton application pour mieux répondre aux besoins de ton public.

Partie 9 : Lancer une Boutique de Dropshipping

Pourquoi ?

Le dropshipping est un modèle commercial en ligne où tu vends des produits sans avoir à gérer l'inventaire ni la logistique. Lorsque quelqu'un achète un produit sur ta boutique, tu passes la commande auprès d'un fournisseur qui se charge de l'expédition directement au client. Cela te permet de démarrer une entreprise avec peu de capital initial, car tu ne payes les produits que lorsque tu réalises une vente.

Le dropshipping est idéal pour ceux qui veulent entrer dans l'e-commerce sans avoir à investir dans un stock ou à gérer des entrepôts. Cependant, il nécessite une stratégie de marketing solide, une sélection soignée des produits, et une excellente gestion de la relation client.

Étapes pour commencer :

1. Choisir une niche rentable :

La première étape pour réussir dans le dropshipping est de sélectionner une niche qui combine rentabilité et demande. Une niche ciblée permet de se concentrer sur un public spécifique, ce qui facilite le marketing et la fidélisation des clients. Voici comment choisir une niche :

- Identifie une passion ou un besoin spécifique : Par exemple, des accessoires pour animaux, des équipements de sport, ou des produits de santé et bien-être.

- Fais des recherches sur les tendances : Utilise des outils comme Google Trends, AliExpress, ou Oberlo pour repérer des produits populaires dans les niches qui t'intéressent.

- Analyse la concurrence : Vérifie s'il y a déjà une forte concurrence dans ta niche. Si c'est le cas, il faudra trouver un moyen de se différencier.

2. Choisir une plateforme de e-commerce :

Une fois que tu as ta niche, il faut créer ta boutique en ligne. Plusieurs plateformes permettent de créer une boutique dropshipping facilement :

- **Shopify** : La plateforme la plus populaire pour le dropshipping. Elle est facile à utiliser, dispose d'applications intégrées comme Oberlo pour le sourcing de produits, et offre des outils de marketing.

- **WooCommerce** : Si tu utilises WordPress, WooCommerce est une excellente option. Il est gratuit, personnalisable, et dispose de nombreuses extensions pour intégrer le dropshipping.

- **BigCommerce** : Une alternative à Shopify, plus adaptée si tu prévois de scaler rapidement ton entreprise.

- **Wix eCommerce** : Idéale si tu recherches une solution simple pour démarrer rapidement.

3. Trouver des fournisseurs fiables :

Les fournisseurs sont essentiels pour le dropshipping. Il faut t'assurer que ceux avec qui tu travailles sont fiables, proposent des produits de qualité, et ont un bon service client. Voici quelques options :

- **AliExpress** : C'est l'une des plateformes les plus populaires pour le dropshipping. Elle propose une vaste gamme de produits, souvent à des prix très bas. Il existe aussi des applications comme Oberlo qui facilitent l'importation de produits dans ta boutique.

- **SaleHoo** : Une plateforme payante qui propose une liste de fournisseurs fiables, ainsi que des outils pour te faciliter la gestion des commandes.

- **Spocket** : Ce service sélectionne des fournisseurs principalement basés aux États-Unis et en Europe, ce qui peut améliorer les délais de livraison par rapport à AliExpress.

- **Modalyst** : Permet de trouver des fournisseurs de qualité avec un large éventail de produits, particulièrement adaptés aux boutiques Shopify.

4. Mettre en place ta boutique en ligne :

La conception de ta boutique est cruciale pour attirer les clients. Une boutique professionnelle et conviviale augmentera ta crédibilité et tes ventes. Voici les éléments clés à prendre en compte :

- **Choisis un design attrayant** : Utilise un thème simple, moderne et épuré pour ta boutique. La navigation doit être facile et intuitive.

- **Optimise la page produit** : Chaque produit doit avoir une description claire et détaillée, des photos de haute qualité, et des informations sur la livraison. Les avis clients peuvent aussi aider à augmenter la confiance des acheteurs.

- **Page de paiement sécurisée** : Assure-toi que le processus d'achat est simple et sécurisé pour éviter toute frayeur chez tes clients.

- **Optimisation mobile** : La majorité des achats en ligne sont réalisés depuis des appareils mobiles.

Assure-toi que ta boutique est responsive et s'affiche correctement sur les smartphones.

5. Mettre en place une stratégie de marketing efficace :

Même si le dropshipping est relativement facile à lancer, il faut une stratégie de marketing solide pour attirer des clients. Voici des méthodes éprouvées :

- **Publicité sur les réseaux sociaux** : Utilise des publicités Facebook et Instagram pour toucher ton audience cible. Crée des annonces attractives avec des visuels de qualité et des offres spéciales.

- **Marketing d'influence** : Collabore avec des influenceurs dans ta niche pour promouvoir tes produits. Le marketing d'influence peut te permettre d'atteindre un large public de manière authentique.

- **SEO (Optimisation pour les moteurs de recherche)** : Assure-toi que ton site est bien référencé sur Google. Cela passe par des descriptions de produits optimisées, l'utilisation de mots-clés pertinents, et la création de contenu de qualité.

- **Email marketing** : Collecte les emails des visiteurs de ta boutique pour leur envoyer des promotions, des nouveaux produits, ou des conseils utiles. Des outils comme Klaviyo ou Mailchimp sont parfaits pour cela.

- **Contenu vidéo** : Utilise des vidéos sur YouTube ou TikTok pour présenter tes produits, créer des tutoriels, ou mettre en avant des témoignages de clients.

6. Fixer tes prix et tes marges :

L'une des clés du succès dans le dropshipping est de bien fixer tes prix. Tu dois tenir compte du coût du produit, des frais d'expédition, des publicités, et de tes marges bénéficiaires. Voici quelques conseils :

- **Calcule tes marges** : Une marge de 30 à 40% est généralement idéale pour le dropshipping.

- **Propose des promotions** : Les promotions comme des réductions pour les nouveaux clients ou des offres de type "acheter-en-un" peuvent attirer plus de visiteurs.

- **Propose des options de livraison** : Envisage de proposer la livraison gratuite si tu peux absorber les coûts dans tes marges, ou offre une livraison express moyennant un supplément.

7. Suivre les commandes et offrir un excellent service client :

Un bon service client est essentiel pour garder tes clients satisfaits et générer des avis positifs. Voici ce que tu peux faire :

- **Automatise le suivi des commandes** : Utilise des outils comme Oberlo ou Shopify pour suivre les commandes et informer automatiquement les clients de l'état de leur commande.

- **Réponds rapidement aux questions** : Assure-toi d'être disponible pour répondre aux questions des clients, que ce soit par email, chat en direct ou via les réseaux sociaux.

- Résoudre les problèmes rapidement : Si un client rencontre un problème, soit réactif et propose une solution rapide (remboursement, remplacement, etc.).

8. Analyser et ajuster ta stratégie :

Lance et optimise constamment ta boutique pour l'améliorer. Voici quelques points à surveiller :

- Utilise Google Analytics pour suivre le comportement des visiteurs et déterminer ce qui fonctionne.

- Analyse tes campagnes publicitaires pour voir ce qui génère des conversions et ajuste tes annonces en conséquence.

- Test A/B : Effectue des tests sur différents éléments de ta boutique, comme les pages produits, les annonces ou les promotions, pour savoir ce qui génère le plus de ventes.

Ressources recommandées :

- Plateformes de dropshipping : Shopify, WooCommerce, BigCommerce, Wix eCommerce.

- Fournisseurs de produits : AliExpress, SaleHoo, Spocket, Modalyst.

- Outils de marketing : Facebook Ads, Instagram Ads, Google Ads, Klaviyo (email marketing), Google Analytics.

- Applications dropshipping : Oberlo, Dropified, AliDropship.

Conclusion :

Le dropshipping est une excellente opportunité pour démarrer un business en ligne sans investissement initial élevé. Cependant, la réussite demande une attention particulière à la sélection des produits, au marketing, et au service client. En suivant ces étapes et en restant flexible pour ajuster ta stratégie, tu pourras bâtir une boutique en ligne rentable qui génère des revenus passifs.

Partie 10 : Offrir des Services de Coaching ou de Consultation

Pourquoi ?

Le coaching et la consultation sont des services de plus en plus demandés, car de nombreuses personnes cherchent à améliorer divers aspects de leur vie, que ce soit leur carrière, leur bien-être, leurs finances ou leurs relations personnelles. Le principal avantage de ce modèle est qu'il repose sur ton expertise, ce qui signifie que, contrairement à d'autres modèles d'affaires, tu n'as pas besoin d'investir dans des produits physiques.

De plus, les services de coaching ou de consultation peuvent être monétisés de manière flexible : en ligne, en présentiel, ou même par téléphone. Ce modèle offre une grande liberté d'organisation tout en permettant de générer des revenus significatifs, surtout si tu réussis à t'établir comme une autorité dans ton domaine.

Étapes pour commencer :

1. Identifie ta niche et ta spécialisation :

Le coaching ou la consultation fonctionne mieux lorsqu'il se concentre sur un domaine précis. Voici quelques niches populaires dans lesquelles tu peux offrir tes services :

Coaching personnel (life coaching) : Aider les individus à atteindre leurs objectifs de vie, améliorer leur confiance en soi, ou surmonter des défis personnels.

Coaching professionnel (carrière, leadership, gestion du temps) : Accompagner les personnes à évoluer dans leur carrière, améliorer leur productivité, ou atteindre des objectifs professionnels.

Coaching en bien-être (santé, nutrition, gestion du stress) : Aider les clients à atteindre leurs objectifs de santé et de bien-être physique ou mental.

Consultation en entreprise (stratégie, marketing, développement de produit) : Offrir des conseils aux entreprises pour améliorer leur performance, leur stratégie marketing, ou leur organisation.

Coaching relationnel (couple, parentalité, communication) : Accompagner les couples, les familles, ou les individus dans la gestion des relations et des émotions.

Le choix de ta niche dépend de tes compétences, de ton expérience, et des besoins du marché. Une fois ta niche définie, tu pourras structurer ton offre de manière plus précise et ciblée.

2. Crée un programme de coaching ou de consultation :

Il est important de définir clairement ce que tu vas offrir à tes clients. Voici comment structurer un programme :

Séances individuelles ou de groupe : Propose des séances de coaching individuelles ou en groupe, selon ce qui correspond le mieux à ton style et à ta clientèle.

Durée des séances : Fixe des durées précises pour chaque séance. La durée classique est de 45 à 60 minutes, mais cela peut varier en fonction de ton offre.

Structure du programme : Organise un programme clair pour tes clients, par exemple, un accompagnement de 6 semaines pour atteindre un objectif spécifique. Définis les objectifs et les résultats que tes clients peuvent attendre.

Supports complémentaires : Envisage d'offrir des ressources supplémentaires comme des guides, des vidéos, des fiches pratiques ou des exercices à faire entre les séances.

3. Fixe tes prix et conditions de service :

La tarification de tes services dépendra de plusieurs facteurs, notamment ton expertise, la durée des sessions, et le type de coaching ou de consultation que tu proposes. Voici quelques stratégies pour définir tes prix :

Tarif horaire : Si tu débutes, un tarif horaire peut être une option flexible. Par exemple, cela pourrait aller de 50 à 200 euros de l'heure, en fonction de ta niche.

Forfaits mensuels ou programmes à long terme : Offrir des forfaits mensuels ou des programmes sur plusieurs semaines peut être plus attractif pour les clients. Par exemple, un programme de 4 sessions peut être proposé à un prix forfaitaire.

Sessions de groupe : Si tu choisis de travailler avec des groupes, cela peut réduire le coût par client tout en permettant une meilleure rentabilité.

Offrir une première consultation gratuite : Une consultation gratuite de 30 minutes peut permettre à tes clients potentiels de comprendre ton approche et de décider s'ils souhaitent poursuivre.

4. Crée une présence en ligne :

Pour offrir tes services de coaching ou de consultation, il est essentiel d'avoir une présence en ligne professionnelle. Voici les étapes à suivre :

Site web professionnel : Crée un site web où tu présentes ton offre, tes services, ton parcours, et tes témoignages clients. Utilise des plateformes comme WordPress ou Wix pour créer facilement un site fonctionnel.

Page de réservation en ligne : Utilise des outils comme Calendly, Acuity Scheduling, ou Book Like A Boss pour permettre à tes clients de réserver des créneaux de consultation directement en ligne.

Réseaux sociaux : Utilise des plateformes comme Instagram, LinkedIn, et Facebook pour partager des conseils, des témoignages et attirer ton public cible. Publie régulièrement des contenus utiles et engageants pour développer ta communauté.

Webinaire ou événements en direct : Organise des webinaires ou des événements en ligne pour présenter ton expertise et attirer de nouveaux clients.

5. Marketing et visibilité :

Il est crucial de développer une stratégie de marketing pour attirer des clients. Voici quelques méthodes pour te faire connaître :

Publicité en ligne : Utilise des plateformes comme Facebook Ads ou Instagram Ads pour cibler des personnes intéressées par ta niche et tes services. Crée des annonces convaincantes et engageantes.

Référencement naturel (SEO) : Optimise ton site pour les moteurs de recherche afin que les personnes recherchant des services de coaching ou de consultation te trouvent facilement.

Témoignages et recommandations : Les témoignages clients jouent un rôle essentiel dans la conversion des prospects. Encourage tes clients satisfaits à laisser des avis sur ton site ou sur des plateformes de confiance.

Marketing d'influence : Si possible, collabore avec des influenceurs ou des experts dans ta niche pour promouvoir tes services et toucher une audience plus large.

Offre de contenu gratuit : Propose du contenu gratuit comme des articles de blog, des vidéos YouTube, ou des podcasts pour démontrer ton expertise et attirer des clients potentiels.

6. Fournir un excellent service client :

Le bouche-à-oreille est une méthode puissante pour faire grandir ton activité. Voici quelques conseils pour offrir un service exceptionnel :

Écoute active : Sois attentif aux besoins de tes clients et adapte ton coaching à leur situation spécifique.

Suivi après les sessions : Envoie des récapitulatifs ou des exercices à faire entre les séances pour renforcer l'apprentissage et l'engagement de tes clients.

Disponibilité et réactivité : Assure-toi d'être réactif aux demandes de tes clients, que ce soit pour des questions ou des préoccupations.

Offre de support à long terme : Propose des suivis après la fin de ton programme de coaching pour garantir un soutien continu et renforcer la fidélité des clients.

7. Évoluer et développer ton activité :

Une fois que tu as commencé à attirer des clients, il est temps de penser à l'évolution de ton business :

Proposer des services complémentaires : Envisage de proposer des formations en ligne, des ebooks, ou des outils de coaching numériques pour diversifier tes sources de revenus.

Recruter des coachs associés : Si ta demande augmente, tu peux envisager d'embaucher d'autres coachs pour étendre tes services.

Passer à l'échelle supérieure : Crée des programmes plus élaborés et propose des services haut de gamme pour les clients souhaitant un accompagnement plus personnalisé.

Ressources recommandées :

Plateformes de réservation en ligne : Calendly, Acuity Scheduling, Book Like A Boss.

Outils de marketing : Facebook Ads, Instagram Ads, Google Ads, LinkedIn Ads.

Outils de création de contenu : Canva (pour les visuels), Loom (pour les vidéos explicatives), Zoom (pour les séances de coaching en ligne).

Plateformes de coaching en ligne : CoachAccountable, Teachable, Kajabi.

Conclusion :

Le coaching et la consultation offrent une opportunité exceptionnelle de partager tes connaissances et ton expertise tout en générant des revenus passifs. Que tu choisisses de travailler avec des particuliers ou des entreprises, il est essentiel de créer un programme structuré, d'offrir une expérience client de qualité, et de promouvoir efficacement tes services en ligne. En suivant ces étapes, tu pourras bâtir une carrière épanouissante et rentable tout en ayant un impact positif sur la vie de tes clients.

Partie 11 : Vendre des Produits Imprimés à la Demande

Pourquoi ?

Le modèle de vente de produits imprimés à la demande (POD - Print on Demand) permet de vendre des articles personnalisés sans avoir à gérer de stock ou à effectuer des envois. Le processus est simple : tu crées des designs (ou tu les fais créer) pour des produits comme des t-shirts, des mugs, des posters, des sacs, etc., et tu les vends via une boutique en ligne. Lorsque quelqu'un passe commande, l'imprimeur prend en charge la production et l'expédition du produit.

Ce modèle offre plusieurs avantages :

- **Pas de stock :** Tu n'as pas à investir dans des produits en gros.

- **Pas de gestion des envois :** Les fournisseurs s'occupent de l'impression et de la livraison.

- **Grande variété de produits :** Tu peux vendre une large gamme d'articles, en fonction de ton public.

- **Personnalisation :** Les clients aiment les produits uniques et personnalisés, ce qui augmente la valeur perçue de tes articles.

Le POD est une manière idéale de lancer une boutique en ligne sans avoir de frais initiaux élevés, ce qui en fait une option accessible pour les entrepreneurs débutants.

Étapes pour commencer :

1. Choisis une niche de marché :

Avant de te lancer, il est crucial de définir une niche spécifique à laquelle tes produits s'adressent. Voici quelques idées populaires :

- **Mode :** T-shirts, sweatshirts, casquettes, leggings.

- **Maison et déco :** Affiches, coussins, couvertures, tapis.

- **Accessoires :** Mugs, sacs, coques de téléphone, porte-clés.

- **Produits pour animaux :** Bandanas pour chiens, jouets personnalisés.

- **Produits pour événements spéciaux :** Cadeaux personnalisés, t-shirts pour des mariages, anniversaires, ou fêtes.

Le choix de ta niche te permettra de te différencier sur le marché et de créer des designs plus ciblés, en fonction des intérêts de ta clientèle.

2. Crée des designs accrocheurs :

Les designs sont la clé du succès dans le modèle POD. Tu peux soit créer les designs toi-même si tu as des compétences en graphisme, soit embaucher un designer freelance via des plateformes comme Fiverr ou Upwork.

Quelques conseils pour des designs réussis :

- **Simplicité et originalité :** Les designs minimalistes ou uniques fonctionnent souvent mieux.

- **Trends :** Sois à l'affût des tendances actuelles sur des plateformes comme Pinterest, Instagram, ou Etsy. Par exemple, des thèmes populaires incluent l'humour, des citations inspirantes, des graphiques de style rétro, ou des illustrations personnalisées.

- **Cohérence :** Garde une ligne directrice dans tes designs pour que ton magasin ait une identité propre.

3. Choisis une plateforme d'impression à la demande :

Tu peux choisir parmi plusieurs fournisseurs d'impression à la demande qui s'intègrent facilement à des plateformes de commerce en ligne. Voici quelques plateformes populaires :

- **Printful** : Intégration facile avec des plateformes comme Shopify, Etsy, WooCommerce. Ils proposent une large gamme de produits et un service de qualité.

- **Printify** : Propose un large choix de produits et s'intègre à plusieurs boutiques en ligne.

- **TeeSpring** : Idéal pour vendre des t-shirts et d'autres vêtements. Facile à configurer pour les débutants.

- **Gooten** : Offre des produits similaires à Printful et Printify, avec une bonne intégration aux boutiques en ligne.

Il est important de comparer les produits, la qualité d'impression, et les frais d'expédition avant de choisir ton fournisseur.

4. Crée ta boutique en ligne :

Pour vendre tes produits, tu dois mettre en place une boutique en ligne. Voici des options populaires :

- **Shopify** : Très utilisée pour les sites e-commerce. Il est facile à configurer et possède des intégrations directes avec les plateformes d'impression à la demande.

- **Etsy** : Si tu choisis une niche créative ou artisanale, Etsy est une excellente plateforme pour débuter.

Elle est particulièrement populaire pour les produits personnalisés.

- WooCommerce : Si tu utilises WordPress, WooCommerce est un plugin gratuit et puissant pour créer une boutique en ligne.

- BigCartel : Un autre excellent choix pour les petites boutiques.

Lorsque tu crées ta boutique, assure-toi de :

- Choisir un design de site épuré et professionnel.

- Rédiger des descriptions de produits claires et optimisées pour le SEO afin de bien te positionner sur les moteurs de recherche.

- Ajouter des photos de qualité de tes produits (les fournisseurs POD offrent souvent des modèles de photos produits que tu peux utiliser).

5. Fixe tes prix et marges :

La clé pour réussir en POD est de trouver un bon équilibre entre le prix de vente et la marge bénéficiaire. Pour ce faire :

- Calculer les coûts : En tenant compte du prix de production, des frais d'expédition, et des frais de la plateforme (si applicable).

- Évaluer la concurrence : Regarde les prix des produits similaires sur d'autres boutiques en ligne comme Etsy ou Amazon.

- Fixer une marge bénéficiaire : En fonction des coûts et de la concurrence, choisis une marge bénéficiaire qui te permet de générer des profits tout en restant compétitif.

6. Optimise ton marketing et ta visibilité :

Même sans gérer l'inventaire, la partie marketing reste essentielle pour attirer des clients. Voici quelques stratégies à adopter :

- **Publicité sur les réseaux sociaux :** Utilise des plateformes comme Facebook, Instagram ou TikTok pour promouvoir tes produits via des publicités ciblées.

- **Marketing d'influence :** Collabore avec des influenceurs dans ta niche pour promouvoir tes produits.

- **SEO :** Optimise ton site web pour le référencement en utilisant des mots-clés pertinents dans tes titres de produits, descriptions et balises.

- **Promotions et offres spéciales :** Propose des réductions ou des offres limitées dans le temps pour attirer des clients et encourager les achats impulsifs.

- **Création de contenu :** Lancer un blog ou une chaîne YouTube autour de ta niche pour attirer une audience organique. Par exemple, si tu vends des t-shirts avec des messages inspirants, tu pourrais créer du contenu motivant qui renvoie à ta boutique.

7. Assure une excellente expérience client :

Bien que le modèle POD repose sur des fournisseurs tiers pour la production et l'expédition, tu restes responsable de l'expérience client. Voici comment te démarquer :

- **Communication claire** : Sois transparent sur les délais de livraison et les retours éventuels.

- **Suivi des commandes** : Fournis à tes clients des informations de suivi sur leurs commandes pour qu'ils puissent suivre l'avancement de l'expédition.

- **Service après-vente** : Si un client rencontre un problème avec un produit, assure-toi de résoudre rapidement la situation pour maintenir une bonne réputation.

Ressources recommandées :

- **Plateformes d'impression à la demande** : Printful, Printify, TeeSpring, Gooten.

- **Plateformes de création de boutiques en ligne** : Shopify, Etsy, WooCommerce, BigCartel.

- **Outils de création de design** : Canva, Adobe Illustrator, Placeit (pour mockups).

- **Plateformes de publicité** : Facebook Ads, Instagram Ads, Pinterest Ads.

Conclusion :

Vendre des produits imprimés à la demande est une excellente opportunité pour démarrer une boutique en ligne sans frais de stockage ou de gestion des envois. Il suffit de choisir une niche, de créer des designs attrayants, et de promouvoir ta boutique efficacement. Avec un peu de créativité et de stratégie marketing, tu peux générer des revenus passifs tout en offrant des produits uniques à tes clients.

Partie 12 : Lancer un Site d'Adhésion ou Abonnement

Pourquoi ?

Lancer un site d'adhésion ou d'abonnement est une manière puissante de générer des revenus récurrents. Ce modèle d'affaires repose sur le fait que tes clients paient un abonnement mensuel ou annuel pour accéder à un contenu exclusif, des services spéciaux ou des avantages particuliers. Ce modèle est particulièrement adapté pour des niches de contenu, des formations, des communautés en ligne ou des services spécifiques.

Les avantages :

Revenus récurrents : Contrairement à un modèle basé sur la vente ponctuelle, un site d'adhésion génère des revenus réguliers.

Fidélité client : L'adhésion crée un lien de fidélité fort, car les membres sont plus engagés et bénéficient de contenu ou services exclusifs.

Scalabilité : Une fois ton site lancé, il peut accueillir un nombre croissant de membres sans nécessiter une gestion significative de l'inventaire ou des coûts supplémentaires.

Avec le bon modèle, un site d'adhésion peut devenir une source de revenus fiable et stable à long terme.

Étapes pour commencer :

1. Choisis ta niche et ton contenu :

Le succès d'un site d'adhésion repose sur la valeur que tu offres à tes membres. Il est essentiel de définir clairement ce que tu vas leur proposer. Quelques idées populaires pour des sites d'adhésion :

> Formations en ligne : Si tu as une expertise dans un domaine particulier (comme le marketing, la cuisine, le bien-être, la gestion du temps), tu peux créer des cours ou des séries de vidéos exclusives.

Communautés privées : Si tu gères une communauté de passionnés (par exemple, des artistes, des entrepreneurs, des développeurs, etc.), tu peux leur offrir un espace privé pour échanger et collaborer.

Contenu exclusif : Les créateurs de contenu peuvent proposer des articles, des vidéos ou des podcasts réservés aux membres.

Outils et ressources : Si tu es dans un domaine spécifique, tu peux offrir des outils ou des ressources professionnelles (modèles, guides, analyses, etc.) qui facilitent la vie de tes abonnés.

L'important est de créer une offre irrésistible qui donne envie à ton public de payer pour accéder à ton contenu.

2. Choisis une plateforme d'adhésion :

Il existe plusieurs outils et plateformes pour créer un site d'adhésion. Certaines sont simples à utiliser, tandis que d'autres offrent des fonctionnalités avancées. Voici quelques plateformes populaires :

MemberPress : Un plugin WordPress très puissant pour créer des sites d'adhésion. Il permet de créer des abonnements, gérer les membres et offrir des contenus protégés.

Teachable ou Thinkific : Si ton modèle repose principalement sur des formations en ligne, ces plateformes sont parfaites pour créer des cours structurés et gérer des abonnements.

Patreon : Très populaire pour les créateurs de contenu, Patreon permet de vendre des abonnements à des contenus exclusifs comme des vidéos, des podcasts, et plus encore.

Kajabi : Idéale pour les formations, mais aussi pour les membres ayant accès à des ressources exclusives.

Podia : Permet de vendre des abonnements, des formations en ligne, des téléchargements et d'autres types de contenu.

Assure-toi que la plateforme choisie propose les fonctionnalités nécessaires pour gérer facilement les paiements récurrents, les abonnés, et les accès au contenu.

3. Crée un contenu de haute qualité :

L'un des aspects les plus importants de ton site d'adhésion est la qualité du contenu que tu offres. Voici des conseils pour t'assurer de créer du contenu engageant :

Planification : Crée un calendrier éditorial pour définir à l'avance les sujets et le type de contenu que tu vas produire. Cela permet de maintenir une régularité et de répondre aux attentes de tes membres.

Diversité : Varie le type de contenu : vidéos, articles, interviews, webinaires, infographies, podcasts, etc. L'objectif est d'offrir une expérience dynamique et intéressante à tes membres.

Contenu exclusif : Ce qui différencie ton site d'abonnement des autres, c'est l'exclusivité du contenu. Assure-toi que ce que tu proposes ne soit pas facilement disponible ailleurs.

Interactivité : Propose des interactions avec les membres, comme des sessions de questions-réponses en direct, des forums privés ou des groupes de discussion.

4. Fixe un prix d'abonnement attractif :

Le prix d'un abonnement doit être fixé en fonction de plusieurs facteurs, tels que la valeur de ton contenu, ton public cible, et les prix des concurrents. Voici quelques conseils :

Étude de marché : Regarde ce que font tes concurrents. Quel est le prix moyen pour des abonnements similaires ?

Planification des prix : Propose plusieurs options de tarification (mensuel, annuel, etc.). Les abonnements annuels peuvent offrir des réductions intéressantes pour encourager un engagement à long terme.

Évaluation de la valeur : Assure-toi que le prix de l'abonnement reflète la valeur du contenu que tu offres. Si tu proposes des formations approfondies ou des services exclusifs, tu peux envisager des prix plus élevés.

5. Mise en place d'une stratégie de marketing :

Une fois que ton site est prêt, il est important de le faire connaître. Voici quelques stratégies pour attirer des abonnés :

Offre d'essai gratuite ou d'abonnement à prix réduit : Offre un essai gratuit ou un tarif d'entrée pour permettre aux utilisateurs de tester ton contenu avant de s'engager pleinement.

Webinaires et événements en direct : Organise des événements en ligne pour présenter ton contenu et attirer de nouveaux membres.

Publicité ciblée : Utilise des publicités sur Facebook, Instagram, ou Google pour cibler ton public idéal.

SEO : Optimise ton site pour les moteurs de recherche afin d'attirer du trafic organique. Utilise des mots-clés pertinents pour ta niche et crée des contenus qui répondent aux questions courantes de tes clients.

Marketing d'influence : Collabore avec des influenceurs ou d'autres experts de ton domaine pour attirer de nouveaux membres.

6. Engagement et rétention des membres :

Pour qu'un site d'adhésion soit rentable, il est essentiel de maintenir un haut niveau d'engagement de la part de tes membres. Voici quelques façons de fidéliser ton audience :

Communauté : Crée une communauté autour de ton site, que ce soit via un forum, un groupe Facebook ou un espace de discussion privé. Cela aide à créer un sentiment d'appartenance.

Mise à jour régulière du contenu : Continue à ajouter de nouveaux contenus pour que tes membres aient toujours quelque chose à attendre. La fraîcheur du contenu est un facteur clé de rétention.

Feedback : Écoute les retours de tes membres et adapte ton contenu en fonction de leurs besoins.

7. Assure une gestion efficace des abonnements :

Il est important de maintenir une gestion fluide des abonnements. Assure-toi que ton système de paiement fonctionne correctement et que les abonnés peuvent facilement gérer leur abonnement (par exemple, annuler ou mettre à jour leurs informations de paiement).

Automatisation des paiements : La plupart des plateformes d'adhésion permettent d'automatiser les paiements récurrents, ce qui simplifie la gestion des abonnements.

Support client : Propose un support réactif pour aider les membres en cas de problème technique ou de question.

Ressources recommandées :

Plateformes d'adhésion : MemberPress, Patreon, Kajabi, Teachable, Podia.

Outils de marketing : Mailchimp (pour les campagnes par e-mail), ConvertKit (pour l'automatisation des e-mails), Canva (pour créer des visuels accrocheurs).

Plateformes d'événements en direct : Zoom, StreamYard, Restream (pour organiser des webinaires).

Conclusion :

Lancer un site d'adhésion ou d'abonnement est une excellente manière de générer des revenus récurrents tout en offrant de la valeur à ton public. En choisissant une niche appropriée, en créant un contenu exclusif de qualité, et en mettant en place des stratégies marketing efficaces, tu peux bâtir une communauté engagée qui soutient ton business à long terme.

Partie 13 : Créer une Chaîne de Streaming ou un Cours en Direct

Pourquoi ?

Créer une chaîne de streaming ou proposer des cours en direct est une excellente manière de monétiser tes connaissances et compétences tout en créant une connexion directe avec ton audience. Ce modèle offre l'avantage de l'interactivité en temps réel, ce qui peut renforcer l'engagement et fidéliser ton public. Les revenus peuvent être générés grâce aux abonnements, aux paiements par session ou à la vente de contenus exclusifs.

Les avantages :

- Interaction en temps réel : La possibilité d'interagir directement avec ton public crée un lien fort et une expérience immersive.

- Monétisation flexible : Tu peux monétiser ta chaîne de différentes manières, en fonction de ton modèle, que ce soit via des abonnements, des frais de participation, ou des ventes de produits complémentaires.

- Scalabilité : Bien que la prestation en direct nécessite un investissement initial de temps, une fois que tu as une audience fidèle, la croissance peut être exponentielle avec un nombre croissant de spectateurs ou d'élèves.

Les chaînes de streaming ou les cours en direct sont particulièrement populaires dans des domaines comme la musique, la formation professionnelle, le fitness, le coaching, et même le divertissement. L'idée est de créer une expérience unique que les gens seront prêts à payer pour vivre en direct.

Étapes pour commencer :

1. Définir ton sujet et ton audience cible :

Avant de commencer, il est essentiel de savoir quel type de contenu tu vas proposer et à qui tu t'adresses. Voici quelques idées populaires pour des chaînes de streaming ou des cours en direct :

- Formations professionnelles : Si tu as une expertise dans un domaine spécifique (marketing, développement personnel, développement web, photographie, etc.), tu peux proposer des sessions en direct pour enseigner des compétences précises.

- **Fitness et bien-être : Les sessions d'entraînement en direct, le yoga ou la méditation sont des formats populaires. Les abonnés peuvent participer activement en temps réel et recevoir des conseils personnalisés.**

- **Divertissement et gaming : Les streams de jeux vidéo ou de discussions en direct autour d'un sujet particulier attirent un large public.**

- **Créativité : Si tu es musicien, artiste ou créateur, tu peux proposer des performances en direct ou des ateliers créatifs.**

- **Coaching et développement personnel : Les séances de coaching en direct peuvent offrir une interaction plus personnalisée et en temps réel avec tes clients.**

L'objectif est de proposer un contenu qui attire un public passionné, prêt à s'abonner ou à payer pour assister à tes sessions en direct.

2. Choisir une plateforme de streaming :

Il existe plusieurs plateformes de streaming et de diffusion en direct adaptées à différents types de contenu. Voici quelques options populaires :

- **YouTube Live : Parfait pour les créateurs de contenu vidéo, les coachs et les formateurs. YouTube permet de diffuser en direct et d'interagir avec les spectateurs via des chats en direct.**

- Twitch : Idéale pour les streamers de jeux vidéo, mais également pour les créateurs qui veulent diffuser en direct sur des sujets divers. Tu peux monétiser via des abonnements, des dons et des partenariats.

- Facebook Live : Offre une interaction en temps réel avec tes abonnés sur Facebook. Il est possible de créer des événements en direct, de vendre des billets ou d'accepter des dons pendant les sessions.

- Zoom : Si tu proposes des cours ou des formations en direct, Zoom est une excellente option. Il permet de partager des écrans, d'interagir avec les participants, et d'enregistrer les sessions pour les revendre ensuite.

- Vimeo Live : Pour les créateurs de contenu professionnel qui cherchent une solution haut de gamme. Il offre des fonctionnalités avancées de personnalisation et de diffusion en direct.

En fonction de ton contenu et de ton audience cible, choisis la plateforme qui convient le mieux à ton style de présentation.

3. Équiper ton espace de diffusion :

Pour garantir une expérience de streaming de qualité, il est essentiel de disposer d'un équipement adapté. Voici les éléments de base à prendre en compte :

- Caméra : Une bonne caméra est indispensable pour offrir une image nette et professionnelle. Les caméras web haut de gamme (comme la Logitech C920) ou les caméras DSLR sont populaires.

- **Microphone** : La qualité audio est primordiale pour garantir que ton message soit entendu clairement. Investis dans un micro de bonne qualité, comme un microphone à condensateur ou un micro-cravate sans fil.

- **Éclairage** : Un éclairage adéquat peut faire toute la différence pour rendre ton stream plus professionnel. Utilise des lampes LED ou des anneaux lumineux pour un éclairage uniforme.

- **Logiciels de diffusion** : Des outils comme OBS Studio ou Streamlabs permettent de personnaliser la diffusion, d'ajouter des graphiques, des effets visuels et de gérer plusieurs sources de contenu (caméra, écran, etc.).

- **Connexion internet stable** : Une connexion fiable et rapide est essentielle pour éviter les interruptions pendant le streaming.

Si tu prévois d'utiliser des éléments visuels ou de partager des informations en temps réel, une bonne configuration technique est un investissement à ne pas négliger.

4. Créer un calendrier et une structure pour tes sessions :

Un élément clé pour maintenir l'engagement est de proposer des sessions régulières et bien structurées. Voici quelques conseils :

- **Calendrier fixe** : Choisis une fréquence et une heure qui conviennent à ton public cible. Assure-toi de respecter ton planning pour que tes abonnés savent quand te retrouver en direct.

- Structure des sessions : Chaque session doit avoir une structure claire, que ce soit une présentation, des questions-réponses, un atelier ou une performance. Planifie à l'avance le déroulement pour maintenir l'attention des participants.

- Interaction : Encourage l'interaction en posant des questions, en sollicitant des retours, ou en répondant aux questions des participants pendant le live. Cela renforce l'engagement et la fidélité des abonnés.

5. Monétiser ton streaming ou tes cours en direct :

Il existe plusieurs façons de générer des revenus avec un contenu en direct. Voici quelques options :

- Abonnements mensuels : Offrir un abonnement mensuel pour accéder à tes sessions en direct ou à des contenus exclusifs. Cela crée une source de revenus récurrents.

- Billets pour événements spécifiques : Vendre des billets pour des événements en direct, comme des formations, des ateliers, ou des concerts.

- Donations et super-chats : Sur des plateformes comme YouTube ou Twitch, tu peux recevoir des dons ou des paiements via des "super-chats" pendant le live.

- Sponsorships : Les entreprises peuvent sponsoriser tes sessions en direct en échange de visibilité pour leurs produits ou services.

- **Produits dérivés :** Tu peux vendre des produits physiques ou numériques associés à tes sessions (t-shirts, e-books, cours enregistrés, etc.).

- **Publicité :** Sur certaines plateformes comme YouTube, tu peux intégrer des publicités à tes vidéos en direct.

6. Promouvoir tes sessions en direct :

La promotion de tes streams ou de tes cours en direct est essentielle pour attirer une audience. Voici quelques stratégies efficaces :

- **Réseaux sociaux :** Utilise Facebook, Instagram, Twitter et LinkedIn pour annoncer tes sessions à l'avance et générer du trafic. Crée des teasers pour susciter l'intérêt.

- **Email marketing :** Si tu as une liste de contacts, envoie des invitations ou des rappels pour informer ton audience de la prochaine session en direct.

- **Collaboration avec d'autres créateurs :** Collabore avec des influenceurs ou d'autres experts pour toucher un public plus large.

- **Publicité payante :** Envisage d'utiliser des publicités Facebook ou Instagram pour promouvoir tes sessions en direct auprès d'une audience ciblée.

7. Mesurer et ajuster ta stratégie :

Il est important de suivre les performances de tes sessions en direct pour savoir ce qui fonctionne et ce qui ne fonctionne pas. Voici quelques éléments à surveiller :

- Nombre de spectateurs : Suis le nombre de spectateurs pour évaluer l'engagement de ton audience.

- Feedback des participants : Demande des retours sur la qualité des sessions, la pertinence du contenu, et l'interaction.

- Revenus : Suis tes revenus générés par les abonnements, les billets, les dons, et les produits dérivés pour évaluer la rentabilité de ton projet.

Ressources recommandées :

- Plateformes de streaming : YouTube Live, Twitch, Facebook Live, Zoom, Vimeo Live.

- Logiciels de diffusion en direct : OBS Studio, Streamlabs, Ecamm Live.

- Outils d'email marketing : Mailchimp, ConvertKit, SendGrid.

- Publicité et promotion : Facebook Ads, Instagram Ads, Google Ads.

Conclusion :

Créer une chaîne de streaming ou un cours en direct est une excellente manière de monétiser ta passion et tes compétences. Ce modèle offre non seulement des possibilités de revenus, mais aussi une interaction directe et authentique avec ton audience. En choisissant une plateforme adaptée, en créant un contenu de qualité, et en mettant en place une stratégie de monétisation efficace, tu peux bâtir une entreprise viable et durable autour de tes sessions en direct.

Partie 14 : Devenir Affilieur sur des Programmes de Référence

Pourquoi ?

Le marketing d'affiliation est un moyen puissant de générer des revenus passifs sans avoir besoin de créer tes propres produits. En tant qu'affilieur, tu promeus les produits ou services d'autres entreprises et tu gagnes une commission sur les ventes générées grâce à tes recommandations. Ce modèle est particulièrement attractif car il te permet de commencer rapidement, sans avoir à investir dans le stock ou la gestion d'un produit.

Les avantages :

- **Revenus passifs :** Une fois que tes liens d'affiliation sont en place, ils peuvent continuer à générer des revenus de manière continue.

- **Flexibilité :** Tu choisis les produits ou services que tu veux promouvoir en fonction de ton audience et de tes intérêts.

- **Pas besoin de créer de produit :** L'un des plus grands avantages de l'affiliation est que tu n'as pas à développer ou gérer un produit toi-même, tu te contentes de promouvoir ceux des autres.

Devenir un affilieur performant nécessite de la stratégie, du contenu de qualité et une bonne compréhension des besoins de ton audience. C'est un excellent moyen de monétiser un blog, une chaîne YouTube, un site Web, ou même un compte sur les réseaux sociaux.

Étapes pour commencer :

1. Choisir un créneau de niche adapté :

Avant de t'inscrire à des programmes d'affiliation, il est essentiel de choisir un créneau ou un domaine qui soit non seulement rentable, mais aussi en adéquation avec tes intérêts et ton expertise. Quelques idées de niches populaires pour l'affiliation incluent :

- Finance personnelle : Assurance, investissements, gestion des finances, crypto-monnaies, etc.
- Santé et bien-être : Compléments alimentaires, équipements de fitness, programmes de santé, etc.
- Technologie : Gadgets, logiciels, applications, matériel informatique.
- Éducation et formation : Cours en ligne, plateformes d'apprentissage, livres, etc.
- Voyages : Hôtels, vols, équipements de voyage, expériences locales.

Le choix de ton créneau détermine la qualité et l'engagement de ton audience, donc il est important de bien le cibler.

2. Trouver des programmes d'affiliation :

Une fois que tu as défini ton créneau, il est temps de rejoindre des programmes d'affiliation. Voici quelques types de programmes populaires :

- Plateformes d'affiliation : Ces plateformes te permettent de t'inscrire à plusieurs programmes d'affiliation en une seule fois. Exemple : ShareASale, CJ Affiliate, Rakuten Marketing.

- **Programmes d'affiliation direct : Certaines entreprises offrent leurs propres programmes d'affiliation indépendants. Par exemple, Amazon Associates, Bluehost (hébergement web), Udemy (cours en ligne).**

- **Programmes spécifiques à un secteur : Si tu te trouves dans une niche très spécifique, il existe souvent des programmes d'affiliation dédiés à ce secteur. Par exemple, dans le domaine de la santé, il peut y avoir des marques de suppléments alimentaires ou des applications de bien-être qui offrent des programmes d'affiliation.**

Les commissions peuvent varier selon les produits et les programmes. Assure-toi de choisir ceux qui offrent des commissions intéressantes et qui sont bien perçus par ton audience.

3. Créer un site ou un blog pour promouvoir tes liens d'affiliation :

Bien que tu puisses promouvoir des liens d'affiliation sur les réseaux sociaux, un site Web ou un blog bien conçu est souvent la meilleure base pour tes activités d'affilieur. Voici quelques étapes pour t'aider à démarrer :

- **Choisis une plateforme de création de site : Des plateformes comme WordPress, Wix, ou Squarespace te permettent de créer rapidement un site professionnel sans compétences techniques.**

- **Optimisation pour le SEO : Créer du contenu optimisé pour les moteurs de recherche (SEO) est crucial. Utilise des mots-clés pertinents pour attirer** un trafic organique qui recherchera activement les produits que tu promeus.

- Rédige des critiques de produits : L'une des méthodes les plus efficaces pour générer des ventes est de rédiger des critiques détaillées et honnêtes sur les produits affiliés. Sois transparent avec ton audience sur les avantages et les inconvénients des produits.

- Crée des guides d'achat : Propose des guides d'achat complets pour aider ton audience à choisir le produit qui correspond le mieux à leurs besoins.

4. Promouvoir les produits d'affiliation efficacement :

Une fois ton site prêt, il est temps de commencer à promouvoir les produits d'affiliation. Voici quelques stratégies :

- Contenu de blog : Rédige des articles de blog qui intègrent tes liens d'affiliation de manière naturelle. Les articles de type "meilleurs produits de l'année", ou "comment choisir le meilleur produit dans [votre domaine]" sont populaires.

- Bannières et publicités : Utilise des bannières et des liens texte dans les zones stratégiques de ton site pour attirer l'attention de tes visiteurs.

- Email marketing : Si tu as une liste d'abonnés, envoie des newsletters qui incluent tes liens d'affiliation. Assure-toi de ne pas en abuser et d'offrir des informations de valeur.

- Réseaux sociaux : Partage des liens d'affiliation sur des plateformes comme Instagram, Facebook,

Pinterest, et Twitter. Utilise des posts attractifs et engageants pour encourager ton public à cliquer.

5. Optimiser et analyser les performances :

Le marketing d'affiliation n'est pas un travail à sens unique. Il est important de suivre tes performances pour savoir quels liens génèrent des conversions et pourquoi. Voici comment faire :

- **Utilise des outils d'analyse : Google Analytics et des outils comme ThirstyAffiliates ou Pretty Links peuvent t'aider à suivre la performance de tes liens d'affiliation.**

- **Teste différentes stratégies : Ne sois pas statique dans ta méthode de promotion. Teste différentes approches pour voir ce qui fonctionne le mieux, que ce soit des critiques de produits, des guides d'achat ou des bannières.**

- **Améliore ton SEO : Assure-toi que ton contenu est toujours bien optimisé pour le SEO. Utilise des outils comme Yoast SEO (si tu es sur WordPress) ou SEMrush pour améliorer ta visibilité dans les moteurs de recherche.**

6. Construire une audience fidèle :

Pour réussir en tant qu'affilieur, il est crucial de bâtir une relation de confiance avec ton audience. Plus ton audience te fait confiance, plus elle sera encline à acheter via tes liens d'affiliation. Voici quelques conseils pour y parvenir :

- Sois transparent : Toujours divulguer que tu utilises des liens d'affiliation. Cette transparence renforce la confiance.

- Fournis de la valeur : Ne te contente pas de vendre des produits, propose également des informations utiles, des conseils et des guides qui aident ton audience à prendre des décisions éclairées.

- Engage-toi avec ton public : Réponds aux commentaires, interagis sur les réseaux sociaux, et sois présent pour ta communauté.

7. Diversifier tes sources de revenus :

Bien qu'il soit tentant de se concentrer sur un seul programme d'affiliation, il est souvent plus rentable de diversifier tes sources de revenus. En ayant plusieurs programmes d'affiliation sur ton site, tu peux maximiser tes revenus et ne pas être dépendant d'un seul partenaire.

Ressources recommandées :

- Plateformes d'affiliation : ShareASale, CJ Affiliate, Rakuten Marketing, Amazon Associates.

- Outils de gestion d'affiliation : ThirstyAffiliates, Pretty Links.

- SEO Tools : Yoast SEO, SEMrush, Ahrefs.

Conclusion :

Le marketing d'affiliation est l'une des meilleures façons de générer des revenus passifs à partir de tes passions et de ton contenu. En choisissant un créneau pertinent, en rejoignant des programmes d'affiliation fiables, et en optimisant ton site pour attirer et convertir ton audience, tu peux créer une source de revenus durable et croissante. La clé du succès réside dans la création de contenu de qualité, l'engagement avec ton public, et l'optimisation continue de tes stratégies d'affiliation.

Partie 15 : Investir dans des Actions Dividendes

Pourquoi ?

Investir dans des actions à dividendes est une méthode éprouvée pour générer des revenus passifs sur le long terme. En achetant des actions d'entreprises qui versent des dividendes réguliers, tu peux bénéficier d'un flux de revenus stable, en plus de la possible appréciation de la valeur de tes actions. Les dividendes représentent une portion des bénéfices d'une entreprise, distribuée aux actionnaires, ce qui en fait un excellent moyen d'accroître ta richesse de manière régulière et prévisible.

Les avantages :

- **Revenus passifs réguliers** : Les dividendes sont versés à des intervalles réguliers (trimestriels, semestriels, annuels), ce qui te permet de recevoir des paiements réguliers sans avoir à vendre tes actions.

- **Effet boule de neige** : Les dividendes peuvent être réinvestis pour acheter plus d'actions, créant ainsi un effet de capitalisation.

- **Moins de volatilité** : Les entreprises solides qui versent des dividendes sont souvent plus stables et moins volatiles que celles qui ne le font pas.

En investissant judicieusement dans des actions à dividendes, tu peux générer une source de revenus passifs tout en bénéficiant de l'appréciation du capital. Cependant, comme pour tout investissement, il est important de comprendre les risques et de diversifier ton portefeuille pour minimiser l'impact des fluctuations du marché.

Étapes pour commencer :

1. Comprendre les actions à dividendes :

Avant d'investir, il est crucial de bien comprendre ce qu'implique l'investissement dans des actions à dividendes. Les dividendes sont généralement payés par des entreprises bien établies, souvent dans des secteurs stables comme la consommation de base, l'énergie, la finance ou la santé. Ces entreprises génèrent suffisamment de bénéfices pour non seulement croître, mais aussi rémunérer leurs actionnaires.

Les caractéristiques importantes à connaître :

- Rendement en dividende : Le rendement en dividende est le montant annuel des dividendes versés par action, exprimé en pourcentage du prix de l'action. Par exemple, si une action coûte 100 € et verse 4 € de dividendes annuels, le rendement en dividende est de 4 %.

- Ratio de distribution des dividendes : Ce ratio mesure la portion des bénéfices d'une entreprise qui est versée sous forme de dividendes. Un ratio élevé peut indiquer que l'entreprise distribue une grande partie de ses bénéfices, mais un ratio trop élevé pourrait aussi signifier qu'elle ne conserve pas suffisamment de fonds pour ses investissements futurs.

2. Choisir une stratégie d'investissement :

Il existe plusieurs stratégies pour investir dans des actions à dividendes. Voici quelques approches populaires :

- **Stratégie de dividendes élevés** : Cette stratégie consiste à rechercher des actions avec des rendements en dividende élevés. Cela peut générer un flux de revenus plus important à court terme, mais il faut être prudent, car un rendement trop élevé peut être un signe de risque accru.

- **Stratégie de croissance des dividendes** : Cette stratégie privilégie les entreprises qui augmentent régulièrement leurs dividendes au fil du temps. Ces entreprises ont tendance à être financièrement solides et à offrir une croissance stable des dividendes sur le long terme.

- **Stratégie de dividendes réinvestis** : Ici, les dividendes reçus sont automatiquement réinvestis dans l'achat de plus d'actions, ce qui permet de bénéficier de l'effet de capitalisation. Cela peut être une excellente façon d'accroître ton portefeuille de manière passive, surtout si tu n'as pas besoin de revenus immédiats.

3. Faire des recherches sur les actions à dividendes :

Avant d'investir dans des actions spécifiques, il est essentiel de faire des recherches approfondies. Voici quelques critères à examiner lors de la sélection d'actions à dividendes :

- **Historique des dividendes :** Vérifie l'historique des dividendes de l'entreprise. Les entreprises qui augmentent régulièrement leurs dividendes sont souvent des choix solides.

- **Solidité financière :** Examine la situation financière de l'entreprise. Une entreprise en bonne santé financière est plus susceptible de continuer à verser des dividendes stables. Les entreprises avec des dettes élevées peuvent être plus vulnérables à des réductions ou des annulations de dividendes.

- **Secteur et stabilité :** Les entreprises dans des secteurs stables, comme les services publics, les biens de consommation, et la santé, ont tendance à verser des dividendes plus prévisibles que celles dans des secteurs plus cycliques.

Utilise des outils comme Morningstar, Yahoo Finance, ou Seeking Alpha pour obtenir des informations détaillées sur les actions, y compris les rendements en dividende, les ratios de distribution, et l'historique des dividendes.

4. Créer un portefeuille diversifié :

La diversification est essentielle pour réduire le risque. Investir dans une seule action ou un seul secteur peut rendre ton portefeuille vulnérable aux fluctuations du marché. En diversifiant, tu répartis le risque et augmentes les chances de stabilité.

- **Diversifie par secteur :** Investis dans des actions à dividendes provenant de différents secteurs pour minimiser le risque lié à un secteur particulier.

- **Diversifie par type d'action :** En plus des actions individuelles, envisage d'investir dans des fonds négociés en bourse (ETF) ou des fonds communs de placement qui se concentrent sur les actions à dividendes.

5. Suivre la performance de tes investissements :

Une fois que tu as investi dans des actions à dividendes, il est important de suivre régulièrement la performance de ton portefeuille. Utilise des outils comme Personal Capital, Mint, ou Morningstar pour suivre les dividendes perçus et l'évolution de la valeur de tes actions.

- **Réinvestir ou encaisser les dividendes** : Selon ta stratégie, tu peux réinvestir tes dividendes pour augmenter ta position dans les actions, ou les encaisser pour générer des revenus passifs immédiats.

- **Réévaluation régulière** : Le marché des actions est dynamique, et la situation financière des entreprises peut changer. Il est donc important de réévaluer régulièrement ton portefeuille pour t'assurer qu'il reste aligné avec tes objectifs financiers.

6. Prendre en compte la fiscalité :

Les dividendes sont généralement soumis à l'impôt, et la fiscalité peut varier selon ton pays de résidence. Renseigne-toi sur la taxation des dividendes dans ton pays et pense à utiliser des comptes d'investissement fiscalement avantageux, comme un Plan d'Épargne en Actions (PEA) en France ou un Roth IRA aux États-Unis, pour minimiser l'impact fiscal.

Ressources recommandées :

- Plateformes d'investissement : Vanguard, Fidelity, DEGIRO.

- Outils d'analyse des actions : Morningstar, Yahoo Finance, Seeking Alpha.

- Livres recommandés : *The Little Book of Common Sense Investing* de John Bogle, *The Dividend Growth Investor* de David Van Knapp.

Conclusion :

Investir dans des actions à dividendes est une excellente manière de créer un revenu passif stable tout en bénéficiant de la croissance de ton capital. En choisissant des entreprises solides, en diversifiant ton portefeuille et en réinvestissant les dividendes, tu peux créer une source de revenus à long terme. Cependant, il est essentiel de mener des recherches approfondies, de suivre les performances de tes investissements et de comprendre les aspects fiscaux pour optimiser tes rendements. Avec de la patience et une approche stratégique, investir dans des actions à dividendes peut devenir une pierre angulaire de ta stratégie de revenus passifs.

Partie 16 : Lancer un Service de Rédaction de Contenu Freelance

Pourquoi ?

Le marché du contenu en ligne est en pleine expansion, avec des entreprises, des blogueurs et des créateurs de contenu à la recherche de rédacteurs qualifiés pour produire des articles, des blogs, des descriptions de produits, des newsletters, des contenus SEO et plus encore. En tant que rédacteur freelance, tu peux offrir tes services à une grande variété de clients tout en bénéficiant de la flexibilité d'un travail à distance et de revenus passifs générés par des contrats réguliers ou des clients récurrents.

Les avantages :

- **Revenus flexibles** : En tant que freelance, tu fixes tes propres tarifs et horaires, et tu choisis les projets qui t'intéressent.

- **Réseau de clients diversifié** : La demande de rédacteurs est vaste, et tu peux travailler dans une multitude de secteurs (technologie, santé, marketing, finance, lifestyle, etc.).

- **Travail à distance** : Tout ce dont tu as besoin, c'est d'un ordinateur et d'une connexion Internet, ce qui te permet de travailler de n'importe où.

- **Évolution des revenus** : Plus tu as d'expérience et un portfolio solide, plus tu peux augmenter tes tarifs et choisir des projets de plus grande envergure.

Étapes pour commencer :

1. Développer tes compétences en rédaction :

Avant de te lancer dans un service de rédaction freelance, il est crucial de maîtriser les compétences nécessaires pour écrire efficacement. Si tu n'as pas encore d'expérience, il est conseillé de :

- **Suivre des formations** : Il existe de nombreuses ressources et cours en ligne pour améliorer ta rédaction, y compris des plateformes comme Coursera, Udemy, ou LinkedIn Learning.

- **Pratiquer régulièrement :** Écrire fréquemment sur différents sujets va améliorer ta fluidité et te permettre d'explorer divers styles de rédaction.

- **Apprendre le SEO :** La rédaction web moderne implique souvent l'optimisation pour les moteurs de recherche (SEO). Comprendre les principes de base du SEO (recherche de mots-clés, structure d'un article, optimisation du contenu) te rendra plus compétitif sur le marché.

2. Créer un portfolio de rédacteur :

Un portfolio est essentiel pour montrer ton travail à de futurs clients. Il sert de preuve de ta compétence et de ton style. Pour le créer :

- **Rédige des échantillons :** Si tu n'as pas encore de clients, commence par rédiger des échantillons sur des sujets qui t'intéressent. Par exemple, rédige des articles de blog, des études de cas ou des pages de description de produits.

- **Utilise des plateformes de publication :** Tu peux publier tes articles sur des blogs personnels, des plateformes comme Medium ou LinkedIn pour montrer ton expertise et améliorer ta visibilité.

- **Crée un site web personnel :** Avoir ton propre site web ou portfolio en ligne est un excellent moyen de professionnaliser ton image. Tu peux inclure tes meilleurs écrits, des témoignages clients (si tu en as) et des informations sur tes services. Des outils comme Wix ou WordPress peuvent t'aider à créer un site sans compétences techniques poussées.

3. Définir ton offre de services et ta niche :

Une fois que tu as un portfolio solide, il est important de définir ce que tu vas offrir. Les rédacteurs freelance peuvent se spécialiser dans une variété de services :

- **Rédaction d'articles de blog : Produire des contenus longs, souvent axés sur le SEO, pour des sites web ou des blogs.**

- **Rédaction de pages de vente ou de copywriting : Créer du contenu persuasif pour aider les entreprises à vendre leurs produits ou services.**

- **Rédaction de contenu pour les réseaux sociaux : Produire des textes adaptés pour les plateformes sociales.**

- **Rédaction de newsletters ou emails marketing : Rédiger des courriers électroniques pour informer, engager ou vendre à une audience ciblée.**

Tu peux aussi te spécialiser dans un domaine particulier (par exemple, la santé, le fitness, les technologies, le marketing digital) pour attirer des clients recherchant des experts dans ce domaine.

4. Fixer tes tarifs :

Lorsque tu débutes en tant que rédacteur freelance, il peut être difficile de savoir combien facturer. Voici quelques conseils pour fixer tes tarifs :

- **Analyse le marché : Regarde ce que les rédacteurs de ton niveau facturent. Des plateformes comme**

Upwork, Freelancer ou Fiverr peuvent te donner une idée des tarifs du marché.

- **Choisir entre tarif horaire ou tarif par projet :** Tu peux choisir de facturer à l'heure (par exemple, 20 €/heure) ou par projet (par exemple, 200 € pour un article de blog de 1000 mots).

- **Commencer bas, puis augmenter :** Au début, tu peux proposer des tarifs compétitifs pour attirer tes premiers clients et, au fur et à mesure que tu gagnes de l'expérience, augmenter tes prix.

5. Trouver des clients :

Trouver des clients est une étape essentielle, surtout au début de ta carrière freelance. Voici quelques stratégies pour obtenir tes premiers clients :

- **Utiliser des plateformes de freelance :** Des sites comme Upwork, Fiverr, ou Freelancer te permettent de trouver des offres de rédaction freelance. Crée un profil soigné, postule activement à des missions et accumule des évaluations positives.

- **Prospecter directement :** Si tu as un domaine d'expertise, contacte directement des entreprises ou des blogs qui pourraient avoir besoin de ton service. Prépare des emails de prospection personnalisés pour montrer ta valeur ajoutée.

- **Construire ton réseau :** Participe à des forums, des groupes Facebook, des événements LinkedIn et d'autres espaces où des clients potentiels se trouvent. La recommandation et les réseaux sont des sources importantes de nouveaux clients.

6. Livrer un travail de qualité et fidéliser tes clients :

La satisfaction du client est cruciale pour obtenir des références et des contrats récurrents. Assure-toi de livrer un travail de haute qualité et dans les délais. Voici quelques points à garder à l'esprit :

- Communication : Sois clair sur tes délais, ton tarif et la portée du projet dès le départ. Assure-toi de bien comprendre les attentes de ton client avant de commencer.

- Révisions : Sois prêt à effectuer quelques révisions si nécessaire. Cela montre que tu es professionnel et soucieux de la qualité du travail.

- Suivi : Après avoir livré le travail, n'hésite pas à faire un suivi avec le client pour t'assurer qu'il est satisfait et demander des retours ou des témoignages.

7. Continuer à apprendre et à améliorer tes compétences :

La rédaction de contenu est un domaine en constante évolution, notamment avec l'importance croissante du SEO, des tendances d'écriture et des outils numériques. Pour rester compétitif, il est essentiel de :

- Apprendre les dernières tendances SEO et marketing digital.

- Explorer de nouvelles niches ou types de contenu (par exemple, les podcasts, les vidéos, ou le marketing d'influence).

- Mettre à jour régulièrement ton portfolio pour inclure tes projets les plus récents et les plus impressionnants.

Ressources recommandées :

- Plateformes freelance : Upwork, Fiverr, Freelancer, ProBlogger.

- Formation SEO et rédaction : Moz, Yoast SEO, CopyBlogger.

- Outils d'écriture : Grammarly, Hemingway, Google Docs.

Conclusion :

Lancer un service de rédaction de contenu freelance peut être une excellente manière de générer des revenus passifs tout en bénéficiant de la liberté de travailler à ton propre rythme. En développant tes compétences, en créant un portfolio solide, en définissant ta niche et en trouvant des clients, tu peux construire une activité freelance rentable et flexible. Rappelle-toi que la clé du succès réside dans la constance, la qualité du travail et la satisfaction des clients.

Partie 17 : Créer une Application de Gestion du Temps

Pourquoi ?

La gestion du temps est un défi pour de nombreuses personnes dans le monde moderne. Une application de gestion du temps peut aider les utilisateurs à mieux organiser leurs journées, réduire leur stress et augmenter leur productivité. Ce type d'application peut se décliner sous différentes formes : suivi des tâches, gestion de projets, planification des horaires ou encore analyse du temps passé sur diverses activités.

Créer une telle application peut non seulement répondre à un besoin réel, mais aussi générer des revenus passifs par le biais d'abonnements ou de publicités. Les applications de gestion du temps connaissent une demande croissante, particulièrement auprès des professionnels, des étudiants, et des personnes qui cherchent à optimiser leur productivité personnelle.

Étapes pour commencer :

1. Identifier le besoin spécifique à combler :

Avant de commencer à développer une application de gestion du temps, il est crucial de définir clairement quel problème tu vas résoudre. Il existe plusieurs types d'applications de gestion du temps, et chacune répond à des besoins différents :

- **Suivi des tâches et des projets :** Permet aux utilisateurs de suivre les tâches à accomplir avec des rappels et des priorités.

- **Suivi du temps :** Permet de suivre le temps passé sur différentes activités pour aider à mieux gérer son emploi du temps.

- **Planification de l'emploi du temps :** Aide à organiser les journées et à planifier les activités de manière optimale.

- **Analyse et productivité :** Fournit des analyses et des rapports sur l'utilisation du temps pour identifier les domaines à améliorer.

Il est essentiel de choisir une niche ou un problème spécifique que ton application résoudra pour que ton produit ait un impact réel.

2. Définir les fonctionnalités clés de l'application :

Une fois que tu as identifié le besoin, il est temps de réfléchir aux fonctionnalités de l'application. Voici quelques idées de fonctionnalités populaires :

- Gestion des tâches : Crée des listes de tâches avec des options pour les prioriser et les classer.

- Rappels et notifications : Envoie des rappels pour aider les utilisateurs à ne pas oublier leurs tâches importantes.

- Planification de calendrier : Permets aux utilisateurs de planifier leurs journées en fonction de leurs tâches.

- Suivi du temps : Permets aux utilisateurs de suivre le temps passé sur différentes activités pour une meilleure gestion de leur productivité.

- Analyse des habitudes : Propose des rapports sur les habitudes de travail pour améliorer la gestion du temps.

- Synchronisation multi-appareils : Assure que l'application soit accessible sur différents appareils (smartphone, tablette, ordinateur).

3. Choisir la technologie pour le développement de l'application :

Le choix de la technologie dépendra de la plateforme que tu souhaites cibler (iOS, Android, ou les deux). Voici les options les plus courantes :

- Développement natif : Utilise des langages spécifiques à chaque plateforme (Swift pour iOS,

Kotlin pour Android). Cela donne une meilleure performance et une expérience utilisateur optimale, mais nécessite un développement séparé pour chaque plateforme.

- **Développement multiplateforme :** Utilise des outils comme React Native, Flutter ou Xamarin pour créer une application qui fonctionne sur plusieurs plateformes avec un seul code source. Cela peut réduire les coûts et le temps de développement.

- **Backend et bases de données :** Si tu as besoin de stocker des informations, des outils comme Firebase, AWS ou Google Cloud peuvent être utilisés pour gérer le backend et les bases de données.

4. Prototyper l'application :

Avant de commencer le développement, il est essentiel de créer un prototype ou un mock-up de ton application pour mieux visualiser son design et son expérience utilisateur. Des outils comme Figma, Adobe XD, ou Sketch permettent de concevoir des prototypes interactifs et d'obtenir des retours avant de passer à l'étape de développement.

Voici quelques éléments à prendre en compte dans le design :

- **Interface utilisateur simple et intuitive :** L'application doit être facile à utiliser, même pour les utilisateurs novices.

- **Design responsive :** L'application doit être bien adaptée aux différents appareils (smartphones, tablettes, etc.).

- Personnalisation : Permets aux utilisateurs de personnaliser les couleurs, les notifications ou les widgets pour rendre l'application plus agréable et adaptée à leurs besoins.

5. Développer l'application :

Une fois que le prototype est validé, tu peux passer à la phase de développement. Si tu n'as pas les compétences techniques pour développer l'application toi-même, tu peux faire appel à un développeur ou une équipe de développeurs. Assure-toi de communiquer clairement tes besoins et de superviser le processus de développement pour garantir que ton idée originale soit respectée.

Voici les étapes clés du développement :

- Front-end (interface utilisateur) : Développement de l'interface utilisateur à l'aide des technologies adaptées.

- Back-end (serveur et base de données) : Développement de la logique côté serveur, gestion des données des utilisateurs, sauvegarde des tâches et des activités.

- Tests : Teste régulièrement l'application pendant le développement pour corriger les bugs et améliorer l'expérience utilisateur.

6. Monétiser l'application :

Une fois que l'application est développée, tu peux commencer à la monétiser de plusieurs manières :

- Abonnement : Propose un modèle d'abonnement avec un essai gratuit, puis un abonnement mensuel ou annuel pour accéder aux fonctionnalités premium de l'application (par exemple, suivi des tâches illimité, rapports détaillés, fonctionnalités avancées).

- Publicité : Intègre des publicités dans l'application pour générer des revenus passifs. Des réseaux comme AdMob de Google ou Facebook Audience Network peuvent t'aider à afficher des annonces.

- Achats in-app : Offre des fonctionnalités supplémentaires ou des améliorations via des achats dans l'application, comme des thèmes personnalisés, des outils de productivité avancés, ou des ressources exclusives.

- Version gratuite et premium : Offre une version gratuite avec des fonctionnalités limitées et une version premium avec toutes les fonctionnalités disponibles.

7. Lancer l'application et promouvoir :

Une fois l'application prête, il est temps de la lancer. Voici quelques étapes pour promouvoir ton application :

- Lancer sur les stores : Publie l'application sur les stores (Google Play pour Android, App Store pour iOS). Assure-toi de respecter toutes les lignes directrices et de bien optimiser la page de présentation de l'application.

- Marketing digital : Utilise les réseaux sociaux, les blogs, et les influenceurs pour promouvoir ton application. Tu peux également proposer des publicités payantes via Google Ads ou les plateformes sociales.

- Feedback et mise à jour : Encourage les utilisateurs à laisser des avis sur l'application pour améliorer la visibilité. En fonction des retours, publie des mises à jour régulières pour améliorer l'application et répondre aux attentes des utilisateurs.

Ressources recommandées :

- Plateformes de développement : Xcode (pour iOS), Android Studio (pour Android), Flutter, React Native.

- Outils de prototypage : Figma, Adobe XD, Sketch.

- Backend : Firebase, AWS, Google Cloud.

Conclusion :

Créer une application de gestion du temps peut non seulement répondre à une demande croissante pour une meilleure organisation, mais aussi devenir une source de revenus passifs. En suivant les étapes de la recherche de niche, de développement, et de marketing, tu peux créer une application qui aide les utilisateurs à optimiser leur temps tout en générant des revenus pour toi. Le marché des applications de productivité est vaste, alors n'hésite pas à innover pour te démarquer et offrir un produit qui répond aux besoins réels des utilisateurs.

Partie 18 : Lancer un Service de Location de Voiture entre Particuliers

Pourquoi ?

Le marché de la location de voitures entre particuliers a connu une croissance significative ces dernières années, notamment en raison de l'essor de l'économie collaborative. Des plateformes comme Turo, Getaround et Drivy (désormais intégré à Getaround) ont permis aux particuliers de louer leurs véhicules à d'autres utilisateurs pour une période courte, en tirant profit de leur voiture lorsqu'elle est inutilisée.

Cette tendance répond à un besoin de flexibilité pour les utilisateurs qui n'ont pas forcément besoin d'une voiture à plein temps, tout en offrant une alternative plus abordable à la location traditionnelle. De plus, pour les propriétaires de véhicules, cela représente une manière de rentabiliser leur bien, surtout lorsque leur voiture reste souvent inoccupée.

Lancer un service de location de voitures entre particuliers peut être une excellente source de revenus passifs si tu parviens à créer une plateforme efficace, sécurisée et bien promue.

Étapes pour commencer :

1. Analyser le marché et identifier la niche :

Le marché de la location de voitures entre particuliers est en constante évolution. Il existe différentes niches et segments que tu peux explorer :

- Voitures de luxe : Des propriétaires de véhicules haut de gamme peuvent souhaiter les rentabiliser lorsqu'ils ne les utilisent pas.

- Voitures électriques ou hybrides : Avec la popularité croissante des véhicules écologiques, il existe une demande croissante pour la location de ces types de voitures.

- Véhicules utilitaires ou de transport : Des vans ou des camions de transport peuvent intéresser des particuliers qui en ont besoin pour un déménagement, un voyage ou un projet spécifique.

- Location de voitures pour les vacances : Dans les zones touristiques, un service de location entre particuliers peut être une alternative plus économique aux entreprises traditionnelles.

2. Créer une plateforme ou une application :

Le cœur de ce business repose sur une plateforme ou une application où les propriétaires de véhicules peuvent lister leurs voitures et où les locataires peuvent rechercher, réserver et payer pour les véhicules. Tu peux choisir entre deux options :

- Créer ta propre plateforme : Embauche des développeurs pour construire un site web et/ou une application mobile. Assure-toi que la plateforme soit conviviale et sécurisée, avec des fonctionnalités comme la gestion des réservations, le paiement en ligne, et la communication entre les utilisateurs.

- Utiliser une plateforme existante : Si le développement d'une plateforme semble trop complexe ou coûteux au départ, tu peux envisager d'utiliser des plateformes préexistantes pour démarrer ton business. Par exemple, Turo permet à des particuliers de louer leurs voitures en tant qu'hôte sur leur plateforme. En revanche, tu n'auras pas un contrôle total sur les frais et la gestion.

3. Mettre en place un système de vérification et de sécurité :

La sécurité est une priorité absolue dans ce type de service, tant pour les propriétaires que pour les locataires. Voici quelques éléments à intégrer dans ton service :

- **Vérification des conducteurs :** Assure-toi que les locataires aient un permis de conduire valide et une bonne historique de conduite. Tu peux intégrer une vérification via des services tiers ou via les assurances.

- **Assurance :** Mets en place un partenariat avec une compagnie d'assurance pour couvrir les dommages, accidents ou autres incidents qui peuvent survenir pendant la période de location. Certaines plateformes incluent déjà des assurances dans leurs offres, mais tu peux également proposer des options premium ou complémentaires.

- **Contrat de location :** Rédige un contrat type pour chaque location, stipulant les conditions d'utilisation, la responsabilité en cas d'accident, et les obligations des deux parties.

- **Inspection des véhicules :** Prévois un processus d'inspection avant et après la location, documenté par des photos ou un enregistrement vidéo, pour éviter les conflits en cas de dommage.

4. Mettre en place un modèle de revenus :

La manière dont tu choisis de structurer les revenus de ton service peut varier. Voici quelques modèles possibles :

- Commission sur chaque réservation : Perçois une commission sur chaque transaction, soit un pourcentage du prix de la location, soit un montant fixe par réservation.

- Abonnement pour les propriétaires : Fais payer les propriétaires pour l'utilisation de la plateforme, sous forme d'abonnement mensuel ou annuel. Cela peut être une bonne option si tu souhaites une source de revenus récurrente.

- Tarifs premium : Offre des services supplémentaires, comme une promotion de la voiture sur la plateforme ou une couverture d'assurance renforcée, moyennant un coût supplémentaire.

5. Marketing et promotion du service :

Le succès de ton service de location de voiture entre particuliers dépendra en grande partie de ta capacité à attirer à la fois des propriétaires et des locataires. Voici quelques stratégies pour promouvoir ton service :

- Publicité en ligne : Utilise Google Ads, Facebook, et Instagram pour cibler des personnes dans ta région qui pourraient être intéressées par la location de voitures.

- SEO local : Optimise ton site web pour les recherches locales, car les utilisateurs auront principalement besoin d'une location dans leur région. Par exemple, si tu es à Paris, tu veux être visible lorsque quelqu'un recherche "location de voiture entre particuliers Paris".

- **Partenariats locaux** : Collabore avec des hôtels, des agences de voyages ou des entreprises locales pour attirer des clients supplémentaires, notamment dans les zones touristiques.

- **Programmes de parrainage** : Mets en place un programme de parrainage où les utilisateurs peuvent gagner des crédits ou des réductions s'ils recommandent ton service à d'autres personnes.

- **Avis et témoignages** : Encourage les utilisateurs à laisser des avis et témoignages après chaque location. Les avis positifs peuvent améliorer la crédibilité et attirer davantage de clients.

6. Assurer une gestion continue et des améliorations :

Une fois ton service lancé, il sera important de surveiller les performances et d'ajuster les aspects de ton service en fonction des retours utilisateurs et de l'évolution du marché. Voici quelques actions à prendre régulièrement :

- **Suivi de la satisfaction des utilisateurs** : Interroge régulièrement les utilisateurs pour obtenir des retours sur leur expérience et identifier des points d'amélioration.

- **Gestion des litiges** : Sois réactif en cas de problèmes entre propriétaires et locataires. Un bon service client peut faire la différence entre un client satisfait et une mauvaise réputation.

- **Mise à jour de la plateforme** : Ajoute de nouvelles fonctionnalités pour améliorer l'expérience des utilisateurs, comme une meilleure interface, plus d'options de paiement, ou des outils de communication améliorés.

- Optimisation des prix : Ajuste les prix en fonction de la demande, de la saisonnalité, ou de l'emplacement des véhicules. Par exemple, les prix peuvent être plus élevés en période de vacances ou dans les zones touristiques.

Ressources recommandées :

- Outils de développement de site et d'application : WordPress, Wix, ou un développeur de logiciels pour des applications personnalisées.

- Plateformes d'assurance : Recherche des partenariats avec des assureurs spécialisés dans la location de véhicules entre particuliers, comme Allianz ou AXA.

- Outils de gestion des réservations : Utilise des outils comme Calendly ou Acuity Scheduling pour gérer les réservations en ligne et automatiser une partie du processus.

Conclusion :

Lancer un service de location de voitures entre particuliers offre une excellente opportunité de générer des revenus passifs, tout en répondant à une demande croissante de flexibilité et d'économie partagée. En combinant une plateforme bien pensée, une sécurité renforcée, et une stratégie de marketing efficace, tu peux réussir à créer un service populaire et rentable. L'important est de maintenir un haut niveau de confiance avec tes utilisateurs et d'assurer une expérience fluide pour maximiser la fidélité et la croissance du service.

Partie 19 : Offrir des Services de Traduction

Pourquoi ?

Dans un monde de plus en plus globalisé, la demande pour des services de traduction ne cesse de croître. Que ce soit pour des entreprises cherchant à s'implanter sur de nouveaux marchés, pour des sites web désirant toucher un public international, ou pour des particuliers ayant besoin de traductions de documents personnels, les opportunités sont nombreuses.

En offrant des services de traduction, tu peux générer des revenus tout en utilisant tes compétences linguistiques. Ce service peut être lancé avec un faible investissement initial et peut évoluer rapidement en fonction de la demande. Avec la bonne approche, cela peut devenir une activité génératrice de revenus passifs, surtout si tu développes une niche spécifique ou si tu engages d'autres traducteurs sous forme de freelances.

Étapes pour commencer :

1. Évalue tes compétences et choisis tes langues :

Avant de te lancer, il est essentiel de définir quelles langues tu maîtrises le mieux. Les traductions les plus demandées sont celles qui concernent les langues largement parlées, comme l'anglais, le français, l'espagnol, l'allemand, le chinois, ou l'arabe. Cependant, tu peux aussi te spécialiser dans des combinaisons de langues moins courantes, mais qui peuvent être très recherchées dans des domaines spécifiques.

- Langues populaires : Anglais, espagnol, français, allemand, chinois, japonais, etc.

- Langues spécialisées : Langues moins courantes ou spécialisées, comme le turc, le suédois, ou des dialectes spécifiques, selon ta région.

Si tu n'es pas encore bilingue dans la langue cible, envisage de suivre des formations pour te perfectionner. De plus, certains traducteurs offrent des services dans des domaines spécifiques (droit, médecine, finance), ce qui peut augmenter leur valeur.

2. Choisir une niche :

Bien que la traduction générale soit une option, il peut être bénéfique de se spécialiser dans une niche. Cela te permettra de te différencier et de capter une clientèle plus ciblée. Par exemple :

- Traduction technique : Manuels, documents techniques, produits, logiciels.

- Traduction juridique : Contrats, termes légaux, documents gouvernementaux.

- Traduction marketing : Textes publicitaires, sites web, brochures, articles de blog.

- Traduction médicale : Rapports médicaux, recherches, publications scientifiques.

- Traduction littéraire : Livres, poèmes, articles. En te spécialisant, tu pourras commander des tarifs plus élevés et travailler avec des clients qui apprécient ton expertise dans un domaine précis.

3. Création d'un site web ou portfolio en ligne :

Pour attirer des clients, tu auras besoin d'une plateforme où tu pourras afficher tes services, tes qualifications et tes tarifs. Un site web professionnel, ou même un portfolio, est essentiel pour te présenter de manière crédible. Tu peux créer une page avec des exemples de tes travaux, des témoignages de clients (si tu en as), et une section pour les demandes de devis ou de contact.

- Utilise des plateformes comme Wix, WordPress, ou Squarespace pour créer un site web facile à gérer.

- Si tu débutes, tu peux aussi créer un profil sur des plateformes de freelances telles que Upwork, Fiverr, ou Proz pour commencer à travailler avec des clients et à gagner des références.

4. Fixer tes prix :

Les prix des services de traduction peuvent varier en fonction de plusieurs facteurs :

- La langue de traduction : Certaines langues sont plus demandées que d'autres, et peuvent justifier des tarifs plus élevés.

- Le type de contenu : La traduction juridique ou technique coûte souvent plus cher qu'une traduction générale en raison de la complexité du contenu.

- Le volume de travail : La longueur du texte à traduire est un facteur clé. En général, les traducteurs facturent par mot, par page ou par heure.

- La rapidité de la livraison : Si tu proposes des services urgents, tu pourras appliquer des tarifs supplémentaires pour des livraisons rapides. Les tarifs varient, mais une estimation des prix peut aller de 0,05 € à 0,15 € par mot pour une traduction générale, et jusqu'à 0,20 € à 0,50 € par mot pour des traductions spécialisées.

5. Utiliser des outils de traduction assistée par ordinateur (TAO) :

Il existe des logiciels et des outils qui peuvent faciliter ton travail et augmenter ta productivité. Ces outils ne font pas le travail à ta place, mais ils aident à gérer les traductions répétitives et à garantir la cohérence du texte. Quelques outils populaires incluent :

- **SDL Trados Studio** : Un logiciel de traduction assistée par ordinateur très utilisé dans l'industrie.
- **MemoQ** : Un autre logiciel de TAO bien reconnu.
- **Wordfast** : Un outil de TAO plus abordable, adapté aux traducteurs indépendants. Ces outils permettent de conserver une mémoire de traduction, d'améliorer la productivité, et de garantir la qualité en termes de cohérence terminologique.

6. Acquérir des clients :

Une fois que tu as mis en place ton site web et défini tes tarifs, il est temps de commencer à chercher des clients. Voici quelques stratégies pour attirer des clients réguliers :

- **Plateformes de freelances** : Crée des profils attractifs sur des sites comme Upwork, Fiverr, Freelancer, ou des plateformes spécialisées dans la traduction comme ProZ.

- **Réseautage professionnel :** Participe à des événements de l'industrie, des forums en ligne, et des groupes de discussion sur des plateformes comme LinkedIn ou Reddit.

- **Publicité et marketing en ligne :** Investis dans des publicités Google Ads ou Facebook Ads pour cibler des clients à la recherche de services de traduction.

- **Collaborations avec des agences :** Les agences de traduction recherchent souvent des traducteurs freelance pour compléter leurs équipes. En collaborant avec des agences, tu peux obtenir un flux constant de projets.

7. Mettre en place un processus de gestion de projet :

Pour être plus productif et organisé, il est important d'avoir un processus clair de gestion des projets de traduction. Voici quelques conseils :

- **Calendrier de livraison :** Assure-toi de respecter les délais, ou de prévenir à l'avance en cas de retard. Une gestion efficace des délais est cruciale.

- **Communication régulière :** Garde une bonne communication avec tes clients tout au long du projet. Prends le temps de discuter de la terminologie, des attentes, et des spécificités du projet avant de commencer.

- **Facturation et paiements :** Utilise des outils comme QuickBooks ou PayPal pour gérer tes factures et recevoir les paiements de manière sécurisée.

8. Optimiser les opportunités à long terme :

- Diversification des services : Au-delà de la simple traduction, tu peux proposer des services complémentaires comme la révision, la transcription, la localisation de sites web, ou la création de sous-titres pour des vidéos.

- Création de partenariats : Établis des relations de long terme avec des entreprises et des agences. Par exemple, tu pourrais être l'expert linguistique d'une entreprise qui doit traduire régulièrement des documents.

- Augmenter tes tarifs avec l'expérience : Avec plus d'expérience, tu pourras augmenter tes tarifs, surtout si tu te spécialises dans des domaines plus complexes ou des combinaisons de langues rares.

Ressources recommandées :

- Outils de TAO : SDL Trados, MemoQ, Wordfast.

- Plateformes de freelances : Upwork, Fiverr, ProZ, Freelancer.

- Outils de gestion des projets : Trello, Asana pour organiser tes tâches et respecter les délais.

Conclusion :

Offrir des services de traduction est une excellente manière de monétiser tes compétences linguistiques tout en bénéficiant de la flexibilité du travail à distance. En choisissant une niche, en mettant en place un site professionnel et en attirant des clients via des stratégies de marketing ciblées, tu peux développer une activité de traduction rentable. Avec le temps, ce service peut devenir une source de revenus passifs, surtout si tu diversifies tes offres ou recrutes d'autres traducteurs pour élargir ton entreprise.

Partie 20 : Proposer des Services de Gestion de Réseaux Sociaux

Pourquoi ?

Les réseaux sociaux sont devenus essentiels pour toute entreprise ou personnalité publique qui souhaite se faire connaître, engager une communauté et vendre ses produits ou services. Le hic ? Beaucoup de professionnels n'ont ni le temps, ni les compétences pour gérer efficacement leur présence en ligne.

C'est là que tu interviens. En tant que social media manager freelance, tu peux aider ces entreprises à créer du contenu, à planifier leurs publications, à interagir avec leur communauté et à analyser leurs performances. Tu peux même transformer ce service en revenu semi-passif, en créant des packs mensuels ou en déléguant une partie des tâches à d'autres freelances.

Étapes pour te lancer :

1. Définis tes services

Commence par choisir ce que tu veux offrir. Tu peux te concentrer sur un ou plusieurs aspects de la gestion de réseaux sociaux :

- **Création de visuels et de contenu (posts, stories, vidéos courtes)**
- **Programmation des publications**

- Animation de communauté (réponses aux commentaires et messages)
- Analyse des performances (statistiques, reporting)
- Création de stratégie de contenu ou ligne éditoriale
- Gestion de publicités (facultatif, mais très demandé)

Tu peux aussi proposer des packs mensuels (ex : 10 publications + 4 stories/semaine) pour simplifier la facturation.

---

2. Choisis ta (ou tes) plateforme(s) de spécialisation

Plutôt que de tout faire, commence par te spécialiser :

- **Instagram & Facebook :** Idéal pour les PME, les commerçants, les coachs.
- **LinkedIn :** Parfait pour les freelances B2B, cabinets, experts.
- **TikTok :** Pour une cible jeune ou créative.
- **Pinterest :** Très bon pour les marques déco, mode, DIY, etc.
- **YouTube Shorts & Reels :** Demande de montage vidéo en format court. Tu peux bien sûr t'élargir avec le temps, mais la spécialisation te donne plus de crédibilité au début.

---

3. Construis ton portfolio (même sans clients)

Au début, tu peux :

- Créer de faux projets (fictifs mais réalistes)
- Proposer tes services gratuitement ou à prix réduit à une ou deux entreprises locales
- Gérer tes propres comptes pro (Instagram, TikTok, LinkedIn…) comme vitrine

Montre des avant/après, des résultats, des exemples de visuels, des plannings de contenu.

---

4. Fixe tes tarifs

Tu peux proposer :

- Un tarif à l'heure (souvent entre 25€ et 60€ de l'heure selon ton expérience)
- Un tarif par mission ou pack mensuel (ex. 300€ / mois pour 3 posts par semaine)
- Des options premium : création de contenu vidéo, gestion de campagnes pubs, rédaction d'articles SEO, etc.

Exemple de packs :

- Starter (150€/mois) : 1 post/semaine, 1 story, analyse mensuelle.
- Pro (350€/mois) : 3 posts/semaine, 2 stories, analyse + stratégie.
- VIP (600€/mois) : 5 posts/semaine, stories, stratégie, modération des commentaires, pub Facebook/Instagram.

---

5. Trouve tes premiers clients

Voici quelques pistes :

- **Plateformes de freelance : Malt, Upwork, Fiverr, ComeUp**

- **Groupes Facebook d'entrepreneurs ou freelances**

- **Réseautage local (commerçants, indépendants, restaurateurs)**

- **Crée une page Instagram pro pour montrer ton expertise (astuces, visuels, carrousels…)**

- **Cold emailing ou messages personnalisés sur LinkedIn à des TPE ou micro-entrepreneurs**

---

6. Utilise les bons outils

Les outils peuvent grandement t'aider à automatiser et professionnaliser ton travail :

- **Canva Pro : création rapide de visuels**

- **Notion ou Trello : gestion du calendrier éditorial**

- **Buffer, Planoly ou Meta Business Suite : programmation de posts**

- **Metricool ou Hootsuite : analyses et reporting**

- **CapCut ou InShot : montage de vidéos courtes pour Reels/TikTok**

---

7. Scalabilité : Comment rendre ce business plus passif ?

Tu peux :

- Déléguer à d'autres freelances (graphistes, rédacteurs, modérateurs)

- Créer un template pack à vendre : calendriers éditoriaux, modèles de posts Canva, etc.

- Lancer une mini-formation ou un ebook pour les indépendants qui veulent gérer eux-mêmes leurs réseaux.

- Proposer un abonnement mensuel sans engagement avec des livrables automatisés.

Bonus : Positionne-toi comme expert

- Publie régulièrement du contenu sur tes propres réseaux sociaux

- Crée une newsletter avec des conseils social media

- Participe à des webinaires ou masterclasses en ligne

- Travaille ton personal branding : plus tu inspires confiance, plus tu pourras augmenter tes tarifs.

Conclusion :

Proposer des services de gestion de réseaux sociaux est une opportunité puissante pour générer des revenus réguliers et potentiellement passifs. En combinant stratégie, créativité et organisation, tu peux non seulement aider d'autres marques à grandir, mais aussi créer une activité évolutive et rentable sur le long terme.

Partie 21 : Lancer un Service de Location d'Équipements

Pourquoi ?

Plutôt que de laisser du matériel dormir dans ton garage, pourquoi ne pas le rentabiliser ? Que tu possèdes déjà certains équipements ou que tu sois prêt à investir dans du matériel populaire, la location d'équipements peut devenir une excellente source de revenus passifs ou semi-passifs. C'est un modèle de business simple à lancer, avec un potentiel de rentabilité élevé, surtout dans les zones urbaines ou touristiques.

Étapes pour te lancer :

1. Choisis le type d'équipement à louer

Voici quelques idées populaires :

- **Matériel de sport** : vélos, paddle, skis, snowboards, raquettes

- **Matériel événementiel** : vidéoprojecteurs, enceintes, tentes, machines à pop-corn

- **Outils de bricolage et jardinage** : perceuses, tronçonneuses, nettoyeurs haute pression

- **Matériel audiovisuel** : appareils photo, drones, micros, stabilisateurs

- **Équipements pour bébé** : poussettes, lits parapluie, sièges auto

- **Matériel pour les créateurs** : imprimantes 3D, machines à coudre, matériel de couture ou de gravure

Choisis un créneau selon ta région, la demande locale, et ton budget de départ.

2. Étudie la demande locale

Avant d'investir :

- Fais une recherche sur les sites de location comme Zilok, Allovoisins, Kiwiiz ou Getaround (pour véhicules).
- Regarde les prix pratiqués, les types d'équipement les plus loués, et la disponibilité dans ta zone.
- Va sur Leboncoin ou Facebook Marketplace pour tester la demande localement.

3. Acquiers ou optimise ton équipement

- Si tu possèdes déjà du matériel : vérifie son bon état, nettoie-le, améliore sa présentation.
- Si tu dois acheter : privilégie des produits robustes, polyvalents et faciles à entretenir.
- Garde toujours une fiche d'état du matériel et des photos de qualité pour rassurer les clients.

4. Crée une offre claire et attractive

Sur ta fiche de location, mentionne :

- Le tarif à la journée, à la semaine ou au week-end
- Une caution si nécessaire

- Les conditions de remise et retour
- Un petit guide d'utilisation rapide
- Une option livraison/collecte (facturable en supplément)

Conseil : Propose aussi un pack ou une offre groupée (ex : tente + table + chaises) pour des occasions spécifiques comme les mariages ou anniversaires.

---

5. Choisis où publier ton service

Tu peux proposer ta location sur :

- Zilok, Allovoisins, Kiwiiz (plateformes françaises)
- Leboncoin ou Marketplace Facebook
- Ton site vitrine personnel ou une page Instagram
- Des groupes locaux (Facebook, Nextdoor, etc.)

Astuce : Crée un flyer ou une affiche si tu es en zone résidentielle, surtout pour le matériel de jardinage ou de bricolage.

---

6. Assure-toi contre les dommages

- Lis bien les conditions d'assurance des plateformes.
- Utilise un contrat de location avec état des lieux signé.
- Exige une caution (chèque non encaissé, virement de garantie, etc.)

7. Optimise la logistique

- Prévoyez un système de prise de rendez-vous pour les retraits.

- Réduis les déplacements en proposant un point relais fixe (chez toi ou en local partagé).

- Si tu développes ton activité, tu peux même embaucher un étudiant pour la remise du matériel.

8. Automatise (semi-passif)

- Prépare des kits complets prêts à louer

- Crée des FAQ imprimées ou numériques

- Planifie les disponibilités à l'avance

- Utilise Google Calendar ou un outil de planning pour gérer les locations

Scalabilité : Comment passer à l'échelle ?

- Multiplie les types d'équipements selon la demande saisonnière (ex : matériel de ski l'hiver, vélos l'été)

- Achète du matériel d'occasion pour augmenter le rendement

- Lance un mini-site de réservation (type WordPress + plugin calendrier)

- Crée des formules d'abonnement pour les clients réguliers

- Recrute une personne pour gérer les demandes et livraisons

Revenus potentiels :

- Location de vélo : 15 à 25€/jour

- Location de vidéoprojecteur : 20 à 40€/jour

- Pack tente + mobilier de jardin : 50 à 100€/événement

- Location de caméra : 40 à 80€/jour

Avec une bonne rotation et un matériel bien entretenu, tu peux rentabiliser ton investissement initial en quelques semaines à quelques mois.

Conclusion :

Louer du matériel est un excellent moyen de générer un revenu complémentaire à partir d'un investissement unique. C'est une activité flexible, évolutive, et idéale si tu souhaites développer un side hustle local rentable. En plus, elle peut facilement se combiner avec d'autres services comme l'événementiel, la création de contenu ou les services de proximité.

Partie 22 : Créer des Templates ou des Modèles Numériques

Pourquoi ?

Créer des templates (modèles numériques) est l'un des moyens les plus intelligents de générer des revenus passifs. Tu les conçois une fois, puis tu peux les vendre à l'infini sans stock ni logistique. Ce business est idéal si tu es un peu créatif, à l'aise avec les outils numériques, ou si tu veux monétiser tes compétences en design, organisation ou marketing.

Étapes pour te lancer :

1. Choisis une catégorie de modèles à créer

Tu peux créer des modèles dans presque tous les domaines. Voici quelques idées populaires :

- **Modèles Canva : CV, publications Instagram, stories, planners**
- **Templates Notion : gestion de projets, organisation personnelle, agenda étudiant**
- **Feuilles de calcul Excel/Google Sheets : budget, facturation, planification de contenu**
- **Templates pour ebooks / présentations PowerPoint**
- **Modèles pour freelance : devis, contrats, médias kits**
- **Templates WordPress : thèmes de blog ou pages de vente**

Astuce : Choisis une niche que tu connais (par exemple : étudiants, entrepreneurs, blogueurs, mères de famille, coachs, etc.) pour créer des modèles hyper pertinents.

---

2. Fais une veille concurrentielle

Avant de te lancer, explore des plateformes comme :

- Etsy
- Creative Market
- Gumroad
- Notion.so
- Template.net
- Ko-fi

Regarde :

- Quels modèles se vendent bien ?
- Quel est le prix moyen ?
- Quelle est la présentation visuelle ?
- Quels mots-clés sont utilisés ?

---

3. Crée tes modèles avec les bons outils

Voici les outils les plus utilisés :

- Canva Pro (création graphique rapide et facile)
- Notion (pour les systèmes d'organisation)
- Figma (design UI/UX)
- Google Sheets / Excel (pour les tableaux dynamiques)
- PowerPoint / Google Slides (présentations)
- InDesign (ebooks pro)

Important : Tes modèles doivent être faciles à personnaliser, visuellement attractifs, et utiles dès l'ouverture.

---

4. Prépare un pack de vente complet

Inclue dans chaque pack :

- Le modèle au format modifiable
- Une notice d'utilisation claire
- Des captures d'écran ou vidéos de démonstration
- Un fichier ou lien de téléchargement
- Des bonus attractifs : ex. un deuxième modèle gratuit, un accès à une mini-formation vidéo, etc.

---

5. Crée une vitrine de vente

Plusieurs options s'offrent à toi :

- Etsy : très utilisé pour les planners et templates Canva
- Gumroad : super simple à utiliser, parfait pour débuter
- Payhip ou Ko-fi : alternatives simples avec intégration directe
- Ton propre site WordPress ou Shopify

Conseil : Rédige des descriptions orientées bénéfices, pas juste techniques. Parle de ce que la personne va gagner en temps, clarté, efficacité.

6. Optimise ton SEO et ton marketing

- Utilise des mots-clés pertinents dans les titres (ex : "Template Notion pour étudiants + planning hebdo")
- Crée des pins Pinterest ou carrousels Instagram pour générer du trafic
- Propose une newsletter avec un freebie (un modèle gratuit en échange de l'email)
- Collabore avec des influenceurs ou micro-créateurs qui utilisent des templates

7. Élargis ta gamme de produits

Quand un modèle fonctionne :

- Crée une version premium avec plus de fonctionnalités
- Développe une collection (ex : pack de 10 templates Insta)
- Propose un abonnement mensuel pour recevoir des modèles exclusifs
- Offre une licence commerciale (plus chère) pour les professionnels

Revenus potentiels :

- Template Canva simple : 5 à 20€

- **Système Notion complet : 10 à 50€**

- **Pack de feuilles Excel : 15 à 100€**

- **Ventes sur Etsy ou Gumroad : 100 à 1000€/mois dès les premières semaines si bien marketé**

Avantages :

Peu de frais de départ
Vente 100 % digitale, donc très automatisable
Facile à dupliquer et à scaler
Tu restes propriétaire de ton contenu

Conclusion :

Créer et vendre des templates numériques est l'une des méthodes les plus accessibles et rentables pour démarrer un business en ligne sans expérience technique avancée. Si tu aimes organiser, designer, optimiser, c'est un terrain de jeu parfait.

Partie 23 : Investir dans l'Immobilier Locatif

Pourquoi ?

L'immobilier locatif est une des sources de revenus passifs les plus solides et éprouvées. Une fois que le bien est acheté et mis en location, tu génères des revenus réguliers mois après mois, tout en profitant d'une prise de valeur du bien sur le long terme.

C'est un excellent moyen de bâtir un patrimoine, d'avoir une rente stable, et de bénéficier d'avantages fiscaux intéressants selon les dispositifs (LMNP, Pinel, etc.).

Étapes pour te lancer :

1. Définis ton objectif immobilier

Avant d'acheter, demande-toi :

- Veux-tu générer un cashflow positif rapidement ?
- Veux-tu surtout valoriser un capital sur 20 ans ?
- Préfères-tu la sécurité d'un bien stable, ou les rendements d'un bien plus risqué ?

 Objectif clair = stratégie claire (rentabilité vs sécurité vs fiscalité).

---

2. Choisis un type de location

Voici les options les plus populaires :

- Location meublée longue durée : bonne rentabilité, peu de rotation.
- Location saisonnière (Airbnb) : revenus élevés mais plus de gestion.
- Colocation : forte rentabilité si bien gérée.
- Location nue classique : plus stable, fiscalement moins avantageuse.

Le statut LMNP (Loueur Meublé Non Professionnel) est souvent recommandé pour débuter (régime fiscal très avantageux).

---

3. Fais une étude de marché

Analyse les critères suivants :

- Tension locative (ville étudiante, zone urbaine attractive)
- Prix au m² vs loyers moyens
- Évolutions démographiques
- Projets d'aménagement (tram, écoles, commerces)

Utilise des outils comme :

- MeilleursAgents
- SeLoger / Leboncoin
- LocService (profil des locataires)
- Insee (données par ville)

---

4. Simule ta rentabilité

Fais les calculs avant même de visiter :

Formule de rentabilité brute :

(loyer annuel / prix d'achat total) x 100

Exemple :

- Prix d'achat + frais : 120 000 €

- Loyer mensuel : 700 €
  → 700 x 12 = 8 400 € / 120 000 € = 7% de rentabilité brute

Utilise un simulateur complet (comme rendementlocatif.com) pour inclure :

- Taxe foncière
- Charges de copropriété
- Travaux
- Assurance PNO
- Gestion locative

---

5. Cherche le bien idéal

Critères recommandés :

- T1 à T3 proche des transports, écoles, commerces
- Dans une ville dynamique, avec forte demande locative
- Éviter les zones trop touristiques si tu débutes (risque de vacance locative)

Bonus : Les petites surfaces (studio/T2) ont souvent une meilleure rentabilité que les grandes.

---

6. Financement et crédit immobilier

- Présente un dossier solide à ta banque (revenus, épargne, projet bien préparé)

- Compare plusieurs banques ou passe par un courtier

- Vérifie la possibilité de financement à 110% (achat + frais de notaire)

L'immobilier est l'un des rares investissements finançables par emprunt. Tu utilises l'argent de la banque pour t'enrichir.

---

7. Mets en location et automatise

- Prépare un dossier de location solide : bail, état des lieux, inventaire

- Si tu veux déléguer, passe par une agence de gestion locative

- Pour Airbnb : utilise des conciergeries ou outils comme Smarthost / Guesty / Airbnb Pro

---

8. Optimise fiscalement ton investissement

Quelques régimes intéressants :

- LMNP au réel : amortissements déductibles → très peu d'impôt

- Loi Pinel : réduction d'impôts si location dans certaines zones

- SCI : structure juridique pour acheter à plusieurs ou optimiser la transmission

Forme-toi : les erreurs fiscales coûtent cher, alors qu'une bonne stratégie peut doubler ta rentabilité nette.

Revenus potentiels :

- Location classique : rentabilité nette entre 3 % et 7 %

- Colocation / meublé optimisé : jusqu'à 10 % voire plus dans certaines villes

- Valorisation long terme + loyers = double effet "levier"

Avantages :

Revenus réguliers (loyers mensuels)
Création de patrimoine
Avantages fiscaux
Financement par la banque
Valeur sûre sur le long terme

Conclusion :

L'immobilier locatif reste un pilier des revenus passifs. C'est un projet plus complexe qu'un simple business en ligne, mais aussi beaucoup plus durable et sécurisé. Si tu t'y prends bien, tu peux créer un véritable revenu de remplacement dans les 3 à 5 ans.

Partie 24 : Vendre des Scripts ou Automatisations

Pourquoi ?

Dans un monde où le temps est précieux et l'efficacité est reine, les scripts et automatisations sont devenus des outils indispensables. Que ce soit pour automatiser des tâches sur Excel, améliorer un site web, gérer les réseaux sociaux, ou envoyer des emails automatiques, les particuliers comme les entreprises cherchent des solutions clés en main.

Si tu as des compétences en développement (même basiques), tu peux créer des scripts utiles et les revendre à l'infini en ligne. Et une fois créés, ces scripts peuvent générer des revenus passifs, avec très peu de maintenance.

Étapes pour te lancer :

1. Choisis ton type de script ou d'automatisation

Voici quelques idées populaires :

- **Macros Excel / Google Sheets (calculs automatiques, tableaux de bord)**
- **Scripts Python / JavaScript pour automatiser des tâches web (scraping, génération de rapports, bots, etc.)**
- **Automatisations via Zapier / Make.com (intégrations sans code)**
- **Templates de chatbots (ex : GPT bots, ManyChat)**
- **Scripts SEO pour auditer des sites ou générer des mots-clés**

Choisis une niche où les gens ont un vrai problème récurrent à résoudre (productivité, réseaux sociaux, finances, marketing, etc.).

2. Crée une solution simple, efficace, et prête à l'emploi

Ton script doit être :

- Facile à utiliser
- Bien documenté (vidéo tutoriel, guide PDF)
- Flexible (paramétrable sans compétences techniques)

☐ Exemple : un script Google Sheets qui génère automatiquement un planning éditorial avec des cases à cocher + un système d'alerte automatique.

3. Teste ta solution

- Demande à 5-10 personnes de l'utiliser
- Observe les bugs, points de friction, confusions
- Améliore l'ergonomie et les explications

Ton but : que n'importe qui puisse l'utiliser sans te poser de questions.

4. Choisis ta plateforme de vente

Voici quelques options :

- Gumroad : parfait pour vendre des fichiers numériques (scripts, templates...)

- Etsy : pour les automatisations simples comme des planners ou outils marketing
- CodeCanyon : pour les scripts plus complexes (PHP, JS, plugins)
- Ko-fi ou Buy Me a Coffee : pour vendre à petit prix ou par abonnement
- Ton propre site WordPress + WooCommerce

Protège ton travail (licence, fichier verrouillé ou accès limité), mais ne complique pas trop l'installation.

---

5. Crée une page de vente claire et persuasive

- Montre le problème que ton script résout
- Détaille les résultats concrets obtenus (temps gagné, automatisation complète, zéro effort)
- Ajoute une vidéo de démonstration
- Propose une garantie de satisfaction si possible

Bonus : Capture d'écran ou animation GIF de ton script en action = pour convaincre.

---

6. Fais connaître ton produit

- Partage sur Reddit, LinkedIn, Twitter, ou dans des groupes Facebook spécialisés
- Crée du contenu éducatif (YouTube, blog, newsletter)

- Propose des versions gratuites limitées pour faire tester

- Collabore avec des influenceurs tech ou productivité

Plus tu aides ton audience à "voir" les bénéfices, plus tu vendras facilement.

Revenus potentiels :

- Script Excel simple : 5 € à 20 € / unité

- Script Python / Zapier avancé : 30 € à 200 €

- Formule par abonnement ou bundle possible (ex : pack de 10 automatisations à 99 €)

Avec 3 à 5 bons scripts bien positionnés, tu peux générer plusieurs centaines d'euros par mois, voire plus si tu trouves la bonne niche (comptabilité, RH, CRM, SEO...).

Avantages :

Faible coût de création
Pas besoin de stock
Revente illimitée (produit numérique)
Très demandés par les pros et freelances
Peut se combiner avec un blog, une chaîne YouTube ou un site vitrine

---

Conclusion :

Vendre des scripts ou automatisations, c'est transformer tes compétences techniques en revenu passif. C'est l'une des stratégies les plus intelligentes si tu es à l'aise avec le code (ou même des outils no-code comme Zapier). L'important, c'est de répondre à un besoin précis et de livrer une solution prête à l'emploi.

Partie 25 : Créer une Chaîne YouTube de Monétisation Automatique

Pourquoi ?

Créer une chaîne YouTube de monétisation automatique te permet de générer des revenus passifs sans avoir à te filmer ou à produire du contenu de manière classique. L'idée, c'est de créer des vidéos optimisées pour l'algorithme, sur des sujets de niche, avec des voix off générées par IA, des images libres de droits, et un montage automatisé.

Ce modèle est scalable, ne demande pas d'exposition personnelle, et peut rapporter des revenus durables via la publicité YouTube, l'affiliation, les ventes de produits numériques ou les placements sponsorisés.

Étapes pour te lancer :

1. Choisis une niche rentable

Tu dois trouver une niche à la fois monétisable, populaire, et peu compétitive. Voici quelques idées :

- Histoires inspirantes / biographies de personnalités
- Résumés de livres / développement personnel

- Vidéos motivationnelles
- Animaux mignons ou compilation amusantes
- Santé naturelle / nutrition / bien-être
- Mystères, faits surprenants, paranormal Utilise des outils comme VidIQ, TubeBuddy, ou Google Trends pour analyser la demande.

---

2. Crée du contenu avec des outils automatisés

Voici les étapes clés :

- Script : écris toi-même ou utilise ChatGPT pour générer un script captivant.
- Voix off : utilise des IA comme ElevenLabs, Murf.ai ou Play.ht.
- Images/vidéos : récupère des contenus libres de droits via Pexels, Pixabay, Storyblocks, Videvo ou Envato Elements.
- Montage : monte automatiquement avec Pictory, InVideo, Veed.io, ou CapCut.
- Miniature : crée des thumbnails percutants avec Canva ou Photopea.

 Tu peux aussi déléguer tout ou partie du processus à des freelances sur Fiverr ou Upwork, si tu veux scaler rapidement.

---

3. Optimise le SEO de ta vidéo

- Titre accrocheur contenant le mot-clé principal

- Description bien rédigée avec appel à l'action + hashtags
- Tags ciblés avec mots-clés secondaires
- Miniature impactante (rouge, jaune, contraste, visage, texte court)

Astuce : analyse les vidéos les plus populaires de ta niche et modélise leurs titres/miniatures/structure.

---

4. Respecte les règles de monétisation YouTube

Pour être éligible à la monétisation via AdSense, tu dois atteindre :

- 1000 abonnés
- 4000 heures de visionnage sur les 12 derniers mois OU
- 10 millions de vues sur les Shorts sur 90 jours

Mais tu peux commencer à monétiser autrement dès le début :

- Ajoute des liens d'affiliation en description (Amazon, ClickBank, etc.)
- Redirige vers une newsletter ou un ebook gratuit
- Vends des produits numériques (guides, templates…)

---

5. Publie régulièrement pour nourrir l'algorithme

Idéalement :

- 2 à 4 vidéos par semaine (surtout au début)
- Structure cohérente : intro rapide, cœur de valeur, appel à l'action
- Crée des séries ou formats récurrents pour fidéliser l'audience

N'hésite pas à recycler tes contenus sur TikTok, Instagram Reels ou Shorts pour booster ta croissance.

Revenus potentiels :

- Publicité YouTube (AdSense) : 1 à 5 € / 1000 vues selon la niche
- Affiliation : 3 à 20 € / commission
- Vente de produits numériques : 10 à 100 € par vente
- Sponsoring : à partir de 100 € dès 1000 abonnés ciblés

Avec une bonne stratégie, tu peux atteindre 1000€/mois avec 3-4 vidéos par semaine au bout de 3 à 6 mois.

Avantages :

Pas besoin de se montrer
Contenu réutilisable et automatisable
Forte scalabilité (tu peux créer plusieurs chaînes)
Système "set and forget" une fois bien en place
Peut s'intégrer à une stratégie plus large (vente de produits, newsletter…)

Conclusion :

Une chaîne YouTube de monétisation automatique, c'est l'opportunité de créer un actif numérique qui tourne en fond sans ton intervention quotidienne. C'est un levier puissant si tu veux te lancer sur YouTube sans caméra ni micro. L'essentiel, c'est de rester stratégique, régulier, et de cibler une niche bien choisie.

Partie 26 : Lancer un Podcast Monétisé

Pourquoi ?

Le podcast est un format en pleine croissance, particulièrement adapté pour créer un lien de confiance avec une audience ciblée. Contrairement à la vidéo, il demande moins de moyens techniques et peut être produit avec une grande liberté. Un podcast bien positionné peut générer des revenus passifs grâce à la publicité, aux sponsors, au contenu premium, ou encore à la vente de produits ou services.

C'est un excellent canal pour établir ton expertise, partager des histoires inspirantes ou fédérer une communauté engagée.

Étapes pour te lancer :

1. Choisis une niche claire et captivante

Un bon podcast repose sur une thématique ciblée, qui parle à une audience précise. Quelques idées de niches rentables :

- Développement personnel et mindset
- Entrepreneuriat / finances personnelles
- Histoire ou faits mystérieux
- Santé, bien-être, nutrition naturelle
- Relations, parentalité, psychologie
- Interviews d'experts ou d'entrepreneurs inspirants

Conseil : définis ton auditeur idéal et ce qu'il attend d'un bon podcast.

---

2. Prépare ton concept et ton format

- Nom du podcast : simple, mémorable et lié à la niche
- Structure : intro → contenu → outro (appel à l'action, promo)
- Durée moyenne : 10 à 45 min selon ton style
- Fréquence : 1 épisode par semaine est un bon rythme de départ

Tu peux alterner entre épisodes solo, interviews, ou formats narratifs/storytelling.

---

3. Équipe-toi simplement mais efficacement

Matériel de base :

- Microphone USB : Blue Yeti, Samson Q2U ou Rode NT-USB

- Casque audio : pour éviter les échos

- Logiciels d'enregistrement : Audacity (gratuit), GarageBand (Mac), ou Descript (avec transcription automatique)

Pour l'hébergement :

- Plateformes : Ausha, Anchor (Spotify for Podcasters), Buzzsprout, Podbean

- Ces plateformes diffusent automatiquement ton podcast sur Spotify, Apple Podcasts, Google Podcasts, Deezer, etc.

---

4. Lance et fais connaître ton podcast

- Crée une bande-annonce audio de 1-2 minutes pour teaser ton projet

- Prépare 3 à 5 épisodes de lancement pour captiver dès le début

- Partage chaque épisode sur tes réseaux sociaux, newsletter, blog

- Encourage les avis 5 étoiles sur Apple Podcasts (impact énorme sur la visibilité)

---

5. Monétise ton podcast

Voici plusieurs façons de générer des revenus :

- Sponsoring / partenariats : marques qui paient pour être mentionnées

  - Ex : "Cet épisode est sponsorisé par..."

- Tarifs : entre 15€ et 50€ pour 1000 écoutes
- Contenu premium : épisodes exclusifs via Patreon, Substack ou Apple Podcast Subscriptions
- Affiliation : recommande des outils ou livres avec ton lien affilié
- Vente de produits ou services : coaching, ebooks, formations...
- Placement d'annonces automatiques via des plateformes comme Acast ou Anchor (à partir d'un certain volume)

Tu peux commencer à monétiser dès 500 à 1000 auditeurs réguliers, surtout si ton audience est très ciblée.

Ressources recommandées :

- Logiciel de montage : Descript, Alitu, Audacity
- Suivi d'audience : Chartable, Podtrac
- Visuels + audiogrammes : Canva, Headliner.app
- Monétisation : Patreon, Ko-fi, Supercast, Podcorn

Avantages :

Production simple et flexible
Création d'un lien profond avec ton audience
Format idéal pour l'écoute mobile (voiture, sport, transports)

Monétisable de plusieurs façons
Peu de concurrence dans certaines niches

Conclusion :

Lancer un podcast monétisé, c'est créer une voix et une marque personnelle forte, tout en bâtissant une audience fidèle et engagée. C'est un outil parfait si tu veux partager ta passion, ton expertise ou simplement inspirer les autres – tout en générant des revenus durables.

Partie 27 : Créer et Vendre des Ebooks ou Guides

Pourquoi ?

Créer un ebook ou un guide numérique est l'un des moyens les plus accessibles et les plus rentables de générer un revenu passif. Une fois écrit, ton ebook peut être vendu en illimité sans frais supplémentaires, 24h/24, sur différentes plateformes. C'est aussi un excellent moyen de montrer ton expertise, de bâtir une audience fidèle et de créer un actif numérique durable.

Étapes pour te lancer :

1. Choisis une thématique à forte valeur ajoutée

L'idéal est de créer un ebook qui résout un problème concret ou accompagne une transformation claire.

Exemples de thématiques rentables :

- Productivité et organisation personnelle

- Nutrition (sans sucre, végétarien, anti-fatigue…)
- Argent et finances personnelles
- Développement personnel et confiance en soi
- Business en ligne / Side hustle / Marketing
- Bien-être mental et gestion du stress
- Guides pratiques de voyage ou d'apprentissage (langues, cuisine, etc.)

Astuce : si tu maîtrises déjà un sujet ou si tu as aidé des amis à résoudre un problème… c'est peut-être ton thème gagnant.

---

2. Structure ton contenu efficacement

Un bon ebook suit une structure simple et claire :

- Introduction : accroche et promesse du guide
- Parties thématiques : chaque partie traite une étape ou une notion
- Exemples, fiches pratiques, outils
- Conclusion : résumé, motivation finale, appel à l'action
- Bonus éventuels : checklists, feuilles de route, modèles

Propose un contenu actionnable, pas juste théorique. Le lecteur veut des résultats concrets !

---

3. Écris et mets en page ton ebook

- Écris d'abord un plan détaillé, puis développe chaque section.

- Utilise Google Docs ou Word pour la rédaction.

- Mets-le en forme avec Canva, Designrr ou Adobe InDesign si tu veux un style pro.

- Formate en PDF (format universel), et en .epub si tu veux le publier sur Kindle.

---

4. Crée une page de vente simple mais efficace

Tu peux vendre ton ebook via :

- Gumroad : simple, sans site web

- Payhip, Ko-fi, ou Systeme.io

- Ta propre boutique (Shopify, WordPress avec WooCommerce)

Éléments clés d'une page de vente :

- Un titre accrocheur

- Des bénéfices clairs pour le lecteur

- Des témoignages (ou retours de premiers lecteurs)

- Un appel à l'action clair

- Une offre limitée (ex : prix réduit au lancement)

---

5. Fixe un prix stratégique

- Entre 5€ et 29€ pour un guide simple

- Jusqu'à 49€ ou plus si tu offres un contenu premium avec bonus, exercices, accès à une communauté, etc.

- Propose une offre de lancement limitée dans le temps

Tu peux aussi proposer un bundle de plusieurs ebooks ou une version gratuite (lead magnet) pour bâtir ta liste email.

---

6. Fais connaître ton ebook

- Partage sur tes réseaux sociaux

- Lance avec une newsletter dédiée

- Collabore avec d'autres créateurs (échanges de visibilité)

- Fais des posts éducatifs ou extraits pour teaser ton contenu

- Propose ton ebook en bonus à ceux qui s'inscrivent à ta newsletter (si tu en as une)

Ressources recommandées :

- Rédaction : Google Docs, Notion, Scrivener

- Mise en page : Canva, Designrr, InDesign

- Vente : Gumroad, Payhip, Systeme.io

- Promotion : ConvertKit, Mailerlite, Instagram, TikTok

Avantages :

Création simple et peu coûteuse
Revenu illimité sans stock ni logistique
Te positionne comme expert(e) dans ta thématique
Produit digital 100 % automatisable
Peut être décliné en formation, atelier, podcast, etc.

Conclusion :

Créer et vendre un ebook, c'est transformer ton savoir ou ton expérience en actif digital. Tu peux commencer petit, avec un guide de 20 à 30 pages, et l'améliorer avec le temps. Un ebook bien ciblé peut générer des revenus passifs pendant des années, surtout s'il s'adresse à une audience bien définie.

Partie 28 : Lancer un Service de Réservation de Voyage Automatisé

Pourquoi ?

Avec l'explosion du tourisme indépendant et du voyage personnalisé, un service de réservation automatisé permet de capter un marché en forte croissance. Ce type de service offre à tes clients une expérience fluide pour organiser leurs voyages sans passer par une agence traditionnelle. Et pour toi ? C'est un revenu passif ou semi-passif, car l'automatisation réduit énormément le temps de gestion.

Étapes pour te lancer :

1. Choisis ta niche de voyageurs

Ne vise pas "tout le monde" : spécialise-toi pour te démarquer. Quelques idées :

- Backpackers à petit budget
- Couples en lune de miel
- Voyages bien-être (spa, yoga, retraites)
- Digital nomads
- Familles avec enfants
- Seniors actifs
- Voyages de luxe ou aventures extrêmes

Plus ta niche est ciblée, plus ton message marketing sera efficace.

---

2. Définis ton offre automatisée

Tu peux proposer :

- Des formules prêtes à l'emploi : pack vol + hôtel + activités
- Un système de réservation à la carte
- Des itinéraires automatisés (type "voyage clé en main")
- Un bot ou formulaire intelligent qui collecte les besoins du voyageur, puis lui propose un devis ou un programme instantané

L'idéal est de rendre l'expérience fluide et rapide, comme un assistant virtuel de voyage.

---

3. Crée ton site de réservation

Tu as plusieurs options :

- WordPress avec des plugins comme WP Travel Engine ou Bookly
- Bubble ou Webflow si tu veux un outil sans code
- AppGyver ou Glide si tu préfères une appli mobile

Inclue :

- Un formulaire d'entrée (préférences, budget, dates...)
- Une base de données avec des offres dynamiques
- Un module de paiement intégré (Stripe, PayPal)
- Une confirmation automatique par email

Tu peux aussi utiliser Zapier ou Make (ex-Integromat) pour automatiser la chaîne complète (de la demande au récapitulatif de voyage).

---

4. Monétisation

Plusieurs modèles possibles :

- Forfait par réservation (10 à 50€ selon la complexité)
- Commission sur chaque réservation (en partenariat avec Booking, Expedia, GetYourGuide...)

- Abonnement mensuel pour les voyageurs réguliers

- Upsells : guides PDF, conseils personnalisés, assurance voyage, checklist imprimable

Tu peux aussi créer un guide en bonus pour capter des emails et proposer ensuite tes services automatisés.

5. Optimise ton référencement (SEO + réseaux sociaux)

- Rédige des articles de blog sur les destinations tendance

- Utilise Pinterest pour les visuels de voyage (puissant pour le trafic)

- Crée un compte Instagram ou TikTok pour présenter des itinéraires inspirants

- Mets en place une stratégie d'emailing (ex : "7 idées de week-ends pour moins de 200€")

Ressources recommandées :

- Plateformes d'affiliation : Booking.com Partner, Expedia Affiliate Network, GetYourGuide, Omio

- Automatisation : Zapier, Make, Tally, Airtable

- Outils no-code : Webflow, Bubble, Notion (pour l'orga interne), Glide

- Plugins : WP Travel, Amelia, Bookly (WordPress)

Avantages :

Peu de stock ou logistique à gérer

Fort potentiel de revenus passifs avec la bonne automatisation

Peut s'exporter sur mobile ou en app très facilement

Valorise ton expertise en voyage sans être agent certifié

Recyclable : chaque itinéraire peut être réutilisé ou vendu sous forme de pack

Conclusion :

Lancer un service de réservation automatisé, c'est proposer du sur-mesure en mode pilote automatique. Si tu aimes voyager ou organiser pour les autres, c'est une opportunité de monétiser cette passion tout en bâtissant un business scalable. L'objectif est simple : aider les gens à voyager mieux, plus facilement, et sans stress – et être payé pour ça, même pendant que tu dors.

Partie 29 : Devenir un Investisseur en Crowdfunding Immobilier

Pourquoi ?

Le crowdfunding immobilier te permet d'investir dans l'immobilier sans acheter un bien complet et sans gérer les tracas de la location. Tu peux commencer avec des petits montants (à partir de 100€) et générer des revenus passifs à travers des loyers ou des plus-values. C'est une porte d'entrée idéale vers l'investissement immobilier même si tu débutes.

Étapes pour te lancer :

1. Comprends les deux types de crowdfunding immobilier

- Obligataire (dette) : Tu prêtes de l'argent à un promoteur qui te rembourse avec intérêt (souvent 8 à 12%/an sur 12 à 36 mois).

- Participatif (equity) : Tu achètes une part d'un bien et reçois des loyers + plus-value à la revente (revenu plus long terme).

Choisis selon tes objectifs : cash rapide (dette) ou revenus durables (equity).

---

2. Choisis une plateforme fiable

Quelques plateformes reconnues :

- Homunity (France) – projets rigoureusement sélectionnés

- Raizers – forte transparence et rendements élevés

- ClubFunding – accessible dès 1000€, projets premium

- Brickstarter ou RealT (international) – à explorer si tu vis à l'étranger

Vérifie que la plateforme est enregistrée auprès de l'AMF (ou équivalent) dans ton pays.

---

3. Inscris-toi et explore les projets

- Crée un compte et remplis ton profil investisseur (expérience, objectifs…)

- Accède à la liste des projets en cours

- Compare les taux d'intérêt, la durée de blocage, les garanties (hypothèque, assurance...)

Certains projets sont financés en moins de 24h : active les alertes pour ne rien rater.

---

4. Diversifie dès le départ

Ne mets pas tout ton budget dans un seul projet. L'idéal :

- 5 à 10 projets différents

- Durées variées (12 mois, 24 mois, 36 mois...)

- Types différents (résidentiel, commercial, rénovation...)

Exemple : si tu as 1000€, préfère 10 x 100€ dans 10 projets plutôt que 1 x 1000€.

---

5. Suis tes performances

La plupart des plateformes te donnent un tableau de bord avec :

- Le capital investi

- Les intérêts versés

- Les projets en cours

- L'échéancier des remboursements

Réinvestis les profits pour générer un effet boule de neige !

Monétisation :

- Revenus passifs mensuels ou trimestriels (selon le type de projet)
- Plus-value à la sortie si le projet est revendu au-dessus de sa valeur d'achat
- Possibilité de revendre tes parts sur certaines plateformes avec marché secondaire

Ressources recommandées :

- Plateformes : Homunity, Raizers, ClubFunding, Fundimmo, RealT
- Outils : Excel / Notion pour suivre tes placements
- Lecture conseillée : *L'Investissement Immobilier Locatif Intelligent* de Julien Delagrandanne (bonne base même pour le crowdfunding)

Avantages :

Pas besoin d'acheter un bien entier
Revenus vraiment passifs
Possibilité de commencer avec peu
Aucune gestion locative
Tu investis dans l'immobilier sans emprunt bancaire

À surveiller :

Risque de retard de paiement ou de non-remboursement
Capital bloqué pour plusieurs mois/années
Rendements attractifs, mais pas garantis

Lis bien les documents de chaque projet avant d'investir.
Et si tu débutes, commence petit.

Conclusion :

Devenir investisseur en crowdfunding immobilier, c'est comme faire travailler ton argent pour toi, en coulisses, pendant que tu continues ta vie. Tu investis intelligemment, tu diversifies ton portefeuille, et tu profites du boom de l'immobilier sans lever le petit doigt. Un side hustle parfait pour ceux qui veulent bâtir un revenu passif solide sur le long terme, avec peu de temps… mais beaucoup de stratégie.

Partie 30 : Louer une Chambre ou une Maison sur Airbnb

Pourquoi ?

Louer une chambre ou une maison sur Airbnb est l'une des manières les plus simples et rapides de générer un revenu passif en utilisant un bien immobilier que tu possèdes ou que tu loues déjà. Le marché du tourisme, même après des périodes difficiles, est en croissance constante, et Airbnb permet de maximiser le rendement de ton bien grâce à une clientèle mondiale. Cela peut devenir un revenu complémentaire stable ou même un revenu principal si tu optimises bien ton offre.

Étapes pour te lancer :

1. Prépare ton bien

Avant de publier ton annonce, il est essentiel de rendre ton espace attractif :

- Aménage le bien de manière pratique et confortable. Les petits détails (literie de qualité, décoration moderne, équipements pratiques) font une grande différence.

- Prends des photos professionnelles ou de haute qualité. Les photos sont le premier critère d'attractivité pour les voyageurs.

- Offre des équipements essentiels : Wifi rapide, serviettes propres, produits de toilette de base, cuisine équipée, etc.

Pense à utiliser des photos bien éclairées, avec des angles qui montrent l'espace sous son meilleur jour.

---

2. Crée un profil attractif sur Airbnb

- Titre accrocheur : Rédige un titre clair et captivant qui décrit l'atout principal de ton espace (ex : "Chambre cosy avec vue sur la mer", "Appartement moderne en plein cœur de la ville").

- Description détaillée : Mentionne ce qui rend ton espace unique, mais sois aussi honnête sur les limitations (taille de la chambre, quartier calme mais éloigné du centre, etc.).

- Fixe un prix compétitif : Fais une analyse des prix des logements similaires dans ta zone géographique pour fixer un tarif juste. Tu peux aussi utiliser la fonctionnalité de tarification dynamique d'Airbnb.

Utilise l'outil Airbnb "Prix recommandé" pour ajuster ton tarif en fonction de la demande.

---

3. Optimise ta gestion

- **Réponds rapidement aux demandes :** Airbnb privilégie les hôtes qui répondent rapidement. Plus tu es réactif, plus tu es visible sur la plateforme.

- **Met en place une gestion autonome :** Utilise des serrures connectées pour permettre un accès facile aux voyageurs sans avoir à être présent pour chaque check-in/check-out.

- **Propose un service d'accueil personnalisé :** L'accueil est crucial, mais tu n'as pas besoin d'être physiquement présent. Un manuel d'accueil détaillé, une vidéo, ou une check-list peuvent suffire pour une bonne expérience.

Un check-in autonome à l'aide d'une boîte à clés sécurisée ou d'une serrure intelligente est très apprécié des voyageurs.

---

4. Soigne la propreté et l'entretien

La propreté est souvent citée parmi les critères les plus importants par les voyageurs. Assure-toi que :

- L'appartement/chambre est propre avant chaque arrivée.

- Les draps et serviettes sont propres et bien repassés.

- Les objets de base (produits d'entretien, sacs poubelles, etc.) sont fournis.

Si tu n'as pas le temps de gérer la propreté, tu peux faire appel à un service de ménage professionnel.

---

5. Encourage des évaluations positives

Les avis des clients sont essentiels sur Airbnb. Plus tu as d'avis positifs, plus tu es visible sur la plateforme et plus tu as de chances de louer régulièrement. Voici quelques astuces :

- Communique clairement et rapidement avant, pendant et après le séjour.

- Sois flexible sur les horaires de check-in/check-out, si possible.

- Offre une petite attention : un petit mot de bienvenue, des snacks, ou des produits locaux peuvent vraiment faire la différence.

- Demande poliment des avis : après chaque séjour, encourage les voyageurs à laisser un avis, mais reste respectueux et non insistant.

---

6. Maximise tes revenus

- Propose des tarifs dynamiques : Modifie tes tarifs en fonction des saisons, des événements locaux ou de la demande sur la plateforme.

- Offre des extras payants : Des options comme le service de ménage, le petit déjeuner, ou des visites guidées peuvent générer des revenus supplémentaires.

- Loue plusieurs espaces : Si tu as plusieurs chambres ou un logement entier, tu peux augmenter ton revenu.

Profite de la période haute saison pour augmenter tes tarifs, par exemple, en été ou pendant des événements locaux populaires.

Ressources recommandées :

- Services de photographie : Engage un photographe spécialisé en immobilier ou utilise des applications comme *Airbnb Professional Photography*.

- Services de ménage : TaskRabbit, Helpling, ou un service local de ménage peuvent être utilisés pour déléguer cette tâche.

- Outils de gestion : AirGMS (gestion des messages, réservation automatique), Smartbnb (réponses automatiques) ou Pricelabs pour la tarification dynamique.

Avantages :

Revenu passif après l'investissement initial dans la mise en place
Potentiel de revenu élevé si l'emplacement est

stratégique
Flexibilité totale : tu choisis quand et à qui louer
Faible investissement initial comparé à l'achat d'un bien immobilier complet
Possibilité de gérer plusieurs propriétés simultanément (via un système automatisé)

À surveiller :

Régulations locales : certaines villes imposent des restrictions sur la location à court terme. Renseigne-toi sur les règles spécifiques de ta région.

Coût des services : la commission Airbnb (environ 3% pour l'hôte et jusqu'à 14% pour le service de l'invité) peut réduire tes marges.

Compétition : dans les zones très populaires, la concurrence peut être féroce, et il faut se distinguer.

Conclusion :

Louer une chambre ou une maison sur Airbnb est un excellent moyen de monétiser un espace inutilisé tout en bénéficiant de la flexibilité et des revenus passifs. Si tu optimises bien ton annonce, que tu soignes l'expérience client, et que tu utilises des outils d'automatisation, cela peut devenir un flux de revenus régulier et stable. L'important est de commencer avec un bon positionnement et d'être attentif à la qualité du service.

Félicitations, tu es maintenant armé(e) de 30 idées concrètes pour générer des revenus passifs et entreprendre des projets qui peuvent transformer ta vie financière. Que ce soit en créant un blog de niche, en lançant un podcast monétisé ou en investissant dans l'immobilier locatif, chaque option présentée dans ce livre te donne les outils nécessaires pour démarrer dès maintenant et construire un avenir plus libre et plus prospère.

Rappelle-toi, l'un des principes fondamentaux pour réussir dans les revenus passifs est d'agir sans tarder. La clé n'est pas de trouver l'idée parfaite, mais de commencer et de s'adapter au fur et à mesure. Chaque petit pas, chaque action quotidienne te rapproche de l'autonomie financière que tu recherches. Il n'y a pas de solution magique, mais avec de la persévérance, des efforts ciblés et une stratégie claire, tu peux bâtir un empire de revenus passifs solide et durable.

Les 30 idées que tu as découvertes ici ne sont pas juste des concepts théoriques. Elles sont testées, applicables et accessibles à tout le monde, peu importe ton niveau d'expérience ou de ressources initiales. La route vers la liberté financière est un voyage, pas une destination, et chaque jour compte. L'essentiel est de commencer aujourd'hui, d'apprendre en chemin, et de progresser sans relâche.

Je te souhaite le meilleur dans cette aventure entrepreneuriale. Que tes efforts te mènent à un avenir plus riche, plus épanouissant et surtout, plus libre.

Prêt(e) à passer à l'action ? Le monde des revenus passifs t'attend.

Alex Morgan

Merci du fond du cœur

J'espère que ce livre vous a offert un beau moment d'évasion. Si vous l'avez apprécié, je serais profondément touché que vous laissiez un petit avis.

Quelques mots suffisent, et pourtant ils comptent énormément : ils aident le livre à vivre, à voyager, et me donnent la force de continuer à écrire pour vous.

Vous pouvez aussi découvrir **tous les autres livres de la collection** en scannant simplement ce QR code :

Merci encore pour votre présence, votre temps et votre soutien.

www.ingramcontent.com/pod-product-compliance
Lightning Source LLC
LaVergne TN
LVHW022123060326
832903LV00063B/3631